RÉPERTOIRE GÉNÉRAL

DU

THÉATRE FRANÇAIS.

———

TOME 16.

DE L'IMPRIMERIE D'A. ÉCRON.

RÉPERTOIRE GÉNÉRAL

DU

HEATRE FRANÇAIS,

COMPOSÉ

DES TRAGÉDIES, COMEDIES ET DRAMES

DES AUTEURS DU PREMIER ET DU SECOND ORDRE,
Restés au Théâtre Français;

AVEC UNE TABLE GÉNÉRALE.

THÉATRE DU PREMIER ORDRE.

VOLTAIRE. — TOME III.

PARIS,

H. NICOLLE, A LA LIBRAIRIE STÉRÉOTYPE,
rue de Seine, n.° 12.

M DCCC XVIII.

MÉROPE,

TRAGÉDIE,

Représentée, pour la première fois, le 20 février 1743.

LETTRE

A M. LE MARQUIS SCIPION MAFFEI,

AUTEUR DE LA MÉROPE ITALIENNE, ET DE BEAUCOUP D'AUTRES OUVRAGES CÉLÈBRES.

Monsieur,

Ceux dont les Italiens modernes et les autres peuples ont presque tout appris, les Grecs et les Romains, adressaient leurs ouvrages, sans la vaine formule d'un compliment, à leurs amis et aux maîtres de l'art. C'est à ces titres que je vous dois l'hommage de la Mérope française.

Les Italiens, qui ont été les restaurateurs de presque tous les beaux arts, et les inventeurs de quelques-uns, furent les premiers qui, sous les yeux de Léon X, firent renaître la tragédie; et vous êtes le premier, monsieur, qui dans ce siècle où l'art des Sophocle commençait à être amolli par des intrigues d'amour souvent étrangères au sujet, ou avili par d'indignes bouffonneries qui déshonoraient le goût de votre ingénieuse nation;

vous êtes le premier, dis-je, qui avez eu le courage et le talent de donner une tragédie sans galanterie, une tragédie digne des beaux jours d'Athènes, dans laquelle l'amour d'une mère fait toute l'intrigue, et où le plus tendre intérêt naît de la vertu la plus pure.

La France se glorifie d'Athalie : c'est le chef-d'œuvre de notre théâtre; c'est celui de la poésie; c'est de toutes les pièces qu'on joue la seule où l'amour ne soit pas introduit; mais aussi elle est soutenue par la pompe de la religion, et par cette majesté de l'éloquence des prophètes. Vous n'avez point eu cette ressource, et cependant vous avez fourni cette longue carrière de cinq actes, qui est si prodigieusement difficile à remplir sans épisodes.

J'avoue que votre sujet me paraît beaucoup plus intéressant et plus tragique que celui d'Athalie; et si notre admirable Racine a mis plus d'art, de poésie et de grandeur dans son chef-d'œuvre, je ne doute pas que le vôtre n'ait fait couler beaucoup plus de larmes.

Le précepteur d'Alexandre (et il faut de tels précepteurs aux rois), Aristote, cet esprit si étendu, si juste et si éclairé dans les choses qui étaient alors à la portée de l'esprit humain, Aristote, dans sa Poétique immortelle, ne balance pas à dire que la reconnaissance de Mérope et de son fils était le moment le plus intéressant de toute la scène grecque. Il donnait à ce coup de théâtre la préférence sur tous les autres. Plutarque dit que les Grecs, ce peuple si sensible, frémissaient de crainte que le vieillard qui devait arrêter le bras de Mérope n'arrivât pas assez tôt. Cette pièce, qu'on jouait de son temps, et dont il nous reste très peu de fragments, lui paraissait la plus touchante de toutes les tragédies d'Euripide; mais ce n'était pas seulement le choix du sujet qui fit le grand succès d'Euripide, quoiqu'en tout genre le choix soit beaucoup.

Il a été traité plusieurs fois en France, mais sans succès : peut-être les auteurs voulurent charger ce sujet si simple d'ornements étrangers. C'était la Vénus toute nue de Praxitèle qu'ils cherchaient à couvrir de clinquant. Il faut toujours beaucoup de temps aux hommes pour leur apprendre qu'en tout ce qui est grand on doit revenir au naturel et au simple.

En 1641, lorsque le théâtre commençait à fleurir en France, et à s'élever même fort au-dessus de celui de la Grèce, par le génie de P. Corneille, le cardinal de Richelieu, qui recherchait toute sorte de gloire, et qui avait fait bâtir la salle des spectacles du Palais-Royal pour y représenter des pièces dont il avait fourni le dessein, y fit jouer une Mérope sous le nom de Téléphonte. Le plan est, à ce qu'on croit, entièrement de lui. Il y avait une centaine de vers de sa façon; le reste était de Colletet, de Bois-Robert, de Desmarêts, et de Chapelain; mais toute la puissance du cardinal de Richelieu ne pouvait donner à ces écrivains le génie qui leur manquait. Il n'avait peut-être pas lui-même celui du théâtre, quoiqu'il en eût le goût; et tout ce qu'il pouvait et devait faire, c'était d'encourager le grand Corneille.

M. Gilbert, résident de la célèbre reine Christine, donna en 1643 sa Mérope, aujourd'hui non moins inconnue que l'autre. Jean de la Chapelle, de l'académie française, auteur d'une Cléopâtre, jouée avec quelque succès, fit représenter sa Mérope en 1683. Il ne manqua pas de remplir sa pièce d'un épisode d'amour. Il se plaint d'ailleurs, dans la préface, de ce qu'on lui reprochait trop de merveilleux. Il se trompait; ce n'était pas ce merveilleux qui avait fait tomber son ouvrage, c'était en effet le défaut du génie, et la froideur de la versification; car voilà le grand point, voilà le vice capital qui fait périr tant de poëmes. L'art d'être éloquent en vers est de tous les arts le plus difficile et le plus rare. On trouvera mille génies qui sauront arranger un ouvrage, et le versifier d'une manière commune; mais le traiter en vrais poëtes, c'est un talent qui est donné à trois ou quatre hommes sur la terre.

Au mois de décembre 1701, M. de la Grange fit jouer son Amasis, qui n'est autre chose que le sujet de Mérope sous d'autres noms : la galanterie règne aussi dans cette pièce, et il y a beaucoup plus d'incidents merveilleux que dans celle de la Chapelle; mais aussi elle est conduite avec plus d'art, plus de génie, plus d'intérêt; elle est écrite avec plus de chaleur et de force : cependant elle n'eut pas d'abord un succès éclatant, *et habent sua fata libelli*. Mais depuis elle a été rejouée avec de très grands applaudissements, et c'est une des pièces dont la représentation a fait le plus de plaisir au public.

Avant et après Amasis, nous avons eu beaucoup de tragédies sur des sujets à peu près semblables, dans lesquelles une mère va venger la mort de son fils sur son propre fils même, et le reconnaît dans l'instant qu'elle va le tuer. Nous étions même accoutumés à voir sur notre théâtre cette situation frappante, mais rarement vraisemblable, dans laquelle un personnage vient un poignard à la main pour tuer son ennemi, tandis qu'un autre personnage arrive dans l'instant même, et lui arrache le poignard. Ce coup de théâtre avait fait réussir, du moins pour un temps, le Camma de Thomas Corneille.

Mais de toutes les pièces dont je vous parle, il n'y en a aucune qui ne soit chargée d'un petit épisode d'amour, ou plutôt de galanterie; car il faut que tout se plie au goût dominant. Et ne croyez pas, monsieur, que cette malheureuse coutume d'accabler nos tragédies d'un épisode inutile de galanterie soit due à Racine, comme on le lui reproche en Italie; c'est lui, au contraire, qui a fait ce qu'il a pu pour réformer en cela le goût de la nation. Jamais chez lui la passion de l'amour n'est épisodique : elle est le fondement de toutes ses pièces; elle en forme le principal intérêt. C'est la passion la plus théâtrale de toutes, la plus fertile en sentiments, la plus variée : elle doit être l'ame d'un ouvrage de théâtre, ou en être entièrement bannie. Si l'amour n'est pas tragique, il est insipide; et, s'il est tragique, il doit régner seul : il n'est pas fait pour la seconde place. C'est Rotrou, c'est le grand Corneille même, il le faut avouer, qui, en créant notre théâtre, l'ont presque toujours défiguré par ces amours de commande, par ces intrigues galantes qui, n'étant point de vraies passions, ne sont point dignes du théâtre; et si vous demandez pourquoi on joue si peu de pièces de Pierre Corneille, n'en cherchez point ailleurs la raison ; c'est que, dans la tragédie d'Othon,

>Othon à la princesse a fait un compliment
>Plus en homme d'esprit qu'en véritable amant ;
>Il suivait pas à pas un effort de mémoire,
>Qu'il était plus aisé d'admirer que de croire.
>Camille semblait même assez de cet avis ;
>Elle aurait mieux goûté des discours moins suivis....

Dis-moi donc, lorsqu'Othon s'est offert à Camille,
A-t-il été content ? a-t-elle été facile ?

C'est que, dans Pompée, l'inutile Cléopâtre dit que César

Lui trace des soupirs, et, d'un style plaintif,
Dans son champ de victoire il se dit son captif.

C'est que César demande à Antoine,

S'il a vu cette reine adorable ?

Et qu'Antoine répond :

Oui, seigneur, je l'ai vue ; elle est incomparable.

C'est que, dans Sertorius, le vieux Sertorius même est amoureux à la fois par politique et par goût, et dit :

J'aime ailleurs : à mon âge il sied si mal d'aimer
Que je le cache même à qui m'a su charmer.....
Et que d'un front ridé les replis jaunissants
Ne sont pas un grand charme à captiver les sens.

C'est que, dans Œdipe, Thésée débute par dire à Dircé :

Quelque ravage affreux qu'étale ici la peste,
L'absence aux vrais amants est encor plus funeste.

Enfin, c'est que jamais un tel amour ne fait verser de larmes; et quand l'amour n'émeut pas, il refroidit.

Je ne vous dis ici, monsieur, que ce que tous les connaisseurs, les véritables gens de goût, se disent tous les jours en conversation; ce que vous avez entendu plusieurs fois chez moi; enfin ce qu'on pense, et ce que personne n'ose encore imprimer. Car vous savez comment les hommes sont faits; ils écrivent presque tous contre leur propre sentiment, de peur de choquer le préjugé reçu. Pour moi, qui n'ai jamais mis dans la littérature aucune politique, je vous dis hardiment la vérité, et j'ajoute que je respecte plus Corneille, et que je connais mieux le grand mérite de ce père du théâtre, que ceux qui le louent au hasard de ses défauts.

On a donné une Mérope sur le théâtre de Londres en 1731. Qui croirait qu'une intrigue d'amour y entrât encore? Mais depuis le règne de Charles II, l'amour s'était emparé du théâtre d'Angleterre; et il faut avouer qu'il n'y a point de nation au monde qui ait peint si mal cette passion. L'amour ridiculement amené, et traité de même, est encore le défaut le moins monstrueux de la Mérope anglaise. Le jeune Egisthe, tiré de sa prison par une fille d'honneur, amoureuse de lui, est conduit devant la reine, qui lui présente une coupe de poison et un poignard, et qui lui dit : « Si tu

« n'avales le poison, ce poignard va servir à
« tuer ta maîtresse. » Le jeune homme boit,
et on l'emporte mourant. Il revient, au cinquième acte, annoncer froidement à Mérope qu'il est son fils, et qu'il a tué le tyran. Mérope lui demande comment ce miracle s'est opéré. « Une amie de la fille d'honneur, ré-
« pond-il, avait mis du jus de pavot au lieu
« de poison dans la coupe. Je n'étais qu'en-
« dormi quand on m'a cru mort; j'ai appris
« en m'éveillant que j'étais votre fils, et sur-
« le-champ j'ai tué le tyran. » Ainsi finit la tragédie.

Elle fut sans doute mal reçue : mais n'est-il pas bien étrange qu'on l'ait représentée ? N'est-ce pas une preuve que le théâtre anglais n'est pas encore épuré ? Il semble que la même cause qui prive les Anglais du génie de la peinture et de la musique, leur ôte aussi celui de la tragédie. Cette île, qui a produit les plus grands philosophes de la terre, n'est pas aussi fertile pour les beaux arts; et si les Anglais ne s'appliquent sérieusement à suivre les préceptes de leurs excellents citoyens Addisson et Pope, ils n'approcheront pas des autres peuples en fait de goût et de littérature.

Mais tandis que le sujet de Mérope était ainsi défiguré dans une partie de l'Europe, il y avait long-temps qu'il était traité en Italie selon le goût des anciens. Dans ce seizième siècle, qui sera fameux dans tous les siècles, le comte de Torelli avait donné sa Mérope avec des chœurs. Il paraît que si M. de la Chapelle a outré tous les défauts du théâtre français, qui sont, l'air romanesque, l'amour inutile, et les épisodes, et que si l'auteur anglais a poussé à l'excès la barbarie, l'indécence et l'absurdité, l'auteur italien avait outré les défauts des Grecs, qui sont le vide d'action, et la déclamation. Enfin, monsieur, vous avez évité tous ces écueils; vous qui avez donné à vos compatriotes des modèles en plus d'un genre, vous leur avez donné dans votre Mérope l'exemple d'une tragédie simple et intéressante.

J'en fus saisi dès que je la lus : mon amour pour ma patrie ne m'a jamais fermé les yeux sur le mérite des étrangers; au contraire, plus je suis bon citoyen, plus je cherche à enrichir mon pays des trésors qui ne sont point nés dans son sein. Mon envie de traduire votre Mérope redoubla lorsque j'eus l'honneur de vous connaître à Paris en 1733; je m'aperçus qu'en aimant l'auteur je me sentais encore plus d'inclination pour l'ouvrage : mais, quand je voulus y travailler, je vis qu'il était absolument impossible de la faire passer sur notre théâtre français. Notre délicatesse est devenue excessive : nous sommes peut-être des Sybarites plongés dans le luxe, qui ne pouvons supporter cet air naïf et rustique, ces détails de la vie champêtre, que vous avez imités du théâtre grec.

Je craindrais qu'on ne souffrît pas chez nous le jeune Egisthe faisant présent de son anneau à celui qui l'arrête et qui s'empare de cette bague. Je n'oserais hasarder de faire prendre un héros pour un voleur, quoique la circonstance où il se trouve autorise cette méprise.

Nos usages, qui probablement permettent tant de choses que les vôtres n'admettent point, nous empêcheraient de représenter le tyran de Mérope, l'assassin de son époux et de ses fils, feignant d'avoir, après quinze ans, de l'amour pour cette reine; même je n'oserais pas faire dire par Mérope au tyran : « Pourquoi donc ne m'avez-vous pas parlé

« d'amour auparavant, dans le temps que
« la fleur de la jeunesse ornait encore mon
« visage? » Ces entretiens sont naturels;
mais notre parterre, quelquefois si indulgent,
et d'autres fois si délicat, pourrait les trouver trop familiers, et voir même de la coquetterie où il n'y a au fond que de la raison.

Notre théâtre français ne souffrirait pas
non plus que Mérope fît lier son fils sur la
scène à une colonne, ni qu'elle courût sur
lui deux fois, le javelot et la hâche à la main,
ni que le jeune homme s'enfuit deux fois devant elle, en demandant la vie à son tyran.

Nos usages permettraient encore moins
que la confidente de Mérope engageât le
jeune Egisthe à dormir sur la scène, afin de
donner le temps à la reine de venir l'y assassiner. Ce n'est pas, encore une fois, que tout
cela ne soit dans la nature; mais il faut que
vous pardonniez à notre nation, qui exige
que la nature soit toujours présentée avec
certains traits de l'art; et ces traits sont bien
différents à Paris et à Vérone.

Pour donner une idée sensible de ces différences que le génie des nations cultivées
met entre les mêmes arts, permettez-moi,

monsieur, de vous rappeler ici quelques traits de votre célèbre ouvrage qui me paraissent dictés par la pure nature. Celui qui arrête le jeune Cresphonte, et qui lui prend sa bague, lui dit:

>.... Or dunque in tuo paese i servi
> Han di coteste gemme? Un bel paese
> Fia questo tuo; nel nostro una tal gemma
> Ad un dito real non sconverrebbe.

Je vais prendre la liberté de traduire cet endroit en vers blancs, comme votre pièce est écrite, parce que le temps qui me presse ne me permet pas le long travail qu'exige la rime.

> « Les esclaves, chez vous, portent de tels joyaux!
> « Votre pays doit être un beau pays, sans doute;
> « Chez nous de tels anneaux ornent la main des rois. »

Le confident du tyran lui dit, en parlant de la reine, qui refuse d'épouser après vingt ans l'assassin reconnu de sa famille :

> La donna, come sai, ricusa e brama.
> « La femme, comme on sait, nous refuse et désire. »

La suivante de la reine répond au tyran, qui la presse de disposer sa maîtresse au mariage:

> ...... Dissimulato in vano
> Soffre di febre assalto; alquanti giorni
> Donare è forza a rinfrancar suoi spirti.

LETTRE A M. MAFFEI.

« On ne peut vous cacher que la reine a la fièvre ;
« Accordez quelque temps pour lui rendre ses forces. »

Dans votre quatrième acte, le vieillard Polydore demande à un homme de la cour de Mérope, qui il est. Je suis Eurises, le fils de Nicandre, répond-il. Polydore alors, en parlant de Nicandre, s'exprime comme le Nestor d'Homère.

.... Egli era umano
E liberal ; quando appariva, tutti
Faceangli onor; io mi ricordo ancora
Di quanto ei festeggiò con bella pompa
Le sue nozze con Silvia, ch' era figlia
D' Olimpia e di Glicon fratel d'Ipparco.
Tu dunque sei quel fanciullin che in corte
Silvia condur solea quasi per pompa :
Parmi l'altr'jeri. O quanto siete presti,
Quanto mai v'affrettate, o giovinetti ;
A farvi adulti, ed a gridar tacendo,
Che noi diam loco !

« Oh qu'il étoit humain ! qu'il était libéral !
« Que, dès qu'il paraissait, on lui faisait d'honneur !
« Je me souviens encor du festin qu'il donna,
« De tout cet appareil, alors qu'il épousa
« La fille de Glicon et de cette Olimpie ;
« La belle-sœur d'Hipparque. Eurises, c'est donc vous ?
« Vous, cet aimable enfant, que si souvent Silvie
« Se faisait un plaisir de conduire à la cour ?
« Je crois que c'est hier. O que vous êtes prompte !
« Que vous croissez, jeunesse ! et que, dans vos beaux jours,
« Vous nous avertissez de vous céder la place ! »

Et dans un autre endroit, le même vieillard, invité d'aller voir la cérémonie du mariage de la reine, répond :

> .... Oh curioso
> Punto i' non son : passò stagione : assai
> Veduti ho sacrificj, io mi ricordo
> Di quello ancora quando il re Cresfonte
> Incominciò a regnar. Quella fu pompa !
> Ora più non si fanno a questi tempi
> Di cotai sacrificj. Più di cento
> Fur le bestie svenate : i sacerdoti
> Risplendean tutti, e dove ti volgessi
> Altro non si vedea che argento ed oro.

> .... « Je suis sans curiosité.
> « Le temps en est passé ; mes yeux ont assez vu
> « De ces apprêts d'hymen, et de ces sacrifices.
> « Je me souviens encor de cette pompe auguste,
> « Qui jadis en ces lieux marqua les premiers jours
> « Du règne de Cresphonte. Ah, le grand appareil !
> « Il n'est plus aujourd'hui de semblables spectacles.
> « Plus de cent animaux y furent immolés ;
> « Tous les prêtres brillaient ; et les yeux éblouis
> « Voyaient l'argent et l'or partout étinceler. »

Tous ces traits sont naïfs : tout y est convenable à ceux que vous introduisez sur la scène, et aux mœurs que vous leur donnez. Ces familiarités naturelles eussent été, à ce que je crois, bien reçues dans Athènes ; mais Paris et notre parterre veulent une autre espèce de simplicité. Notre ville pourrait même se vanter d'avoir un goût plus cultivé qu'on ne l'avoit dans Athènes : car enfin il me semble qu'on ne représentait d'ordinaire des pièces de théâtre, dans cette première ville de la Grèce, que dans quatre fêtes solennelles; et Paris a plus d'un spectacle tous les jours de l'année. On ne comptait dans Athènes que dix mille citoyens, et notre ville est peuplée de près de huit cent mille habitants, parmi lesquels je crois qu'on peut compter trente mille juges des ouvrages dramatiques, et qui jugent presque tous les jours.

Vous avez pu, dans votre tragédie, traduire cette élégante et simple comparaison de Virgile :

> Qualis populeâ mœrens Philomela sub umbrâ
> Amissos queritur fœtus.

Si je prenais une telle liberté, on me renverrait au poëme épique : tant nous avons affaire à un maître dur, qui est le public !

> Nescis, heu ! nescis nostræ fastidia Romæ :
> Et pueri nasum rhinocerontis habent.

Les Anglais ont la coutume de finir presque tous leurs actes par une comparaison ; mais nous exigeons, dans une tragédie, que ce soient les héros qui parlent, et non le poëte; et notre public pense que dans une grande crise d'affaires, dans un conseil, dans une passion violente, dans un danger pressant, les princes, les ministres ne font point de comparaisons poétiques.

Comment pourrais-je encore faire parler souvent ensemble des personnages subalternes? Ils servent chez vous à préparer des scènes intéressantes entre les principaux acteurs : ce sont les avenues d'un beau palais : mais notre public impatient veut entrer tout d'un coup dans le palais. Il faut donc se plier au goût d'une nation, d'autant plus difficile qu'elle est depuis long-temps rassasiée de chefs-d'œuvre.

Cependant, parmi tant de détails que notre extrême sévérité réprouve, combien de beautés je regrettais! combien me plaisait la simple nature, quoique sous une forme étrangère pour nous! Je vous rends compte, monsieur, d'une partie des raisons qui m'ont empêché de vous suivre [1], en vous admirant.

([1]) Voltaire ne s'était d'abord proposé que de traduire la Mérope italienne ; il avait même commencé cette traduction, dont voici les premiers vers:

Je fus obligé, à regret, d'écrire une Mérope nouvelle : je l'ai donc faite différemment, mais je suis bien loin de croire l'avoir mieux faite. Je me regarde avec vous comme un voyageur à qui un roi d'Orient aurait fait présent des plus riches étoffes : ce roi devrait permettre que le voyageur s'en fît habiller à la mode de son pays.

Ma Mérope fut achevée au commencement de 1736, à peu près telle qu'elle est aujourd'hui. D'autres études m'empêchèrent de la donner au théâtre : mais la raison qui m'en éloignait le plus était la crainte de la faire paraître après d'autres pièces heureuses, dans lesquelles on avait vu depuis peu le même sujet sous des noms différents. Enfin, j'ai hasardé ma tragédie, et notre nation a fait connaître qu'elle ne dédaignait pas de

---

Sortez, il en est temps, du sein de ces ténèbres :
Montrez-vous ; dépouillez ces vêtements funèbres,
Ces tristes monuments, l'appareil des douleurs :
Que le bandeau des rois puisse essuyer vos pleurs ;
Que dans ce jour heureux les peuples de Messène
Reconnaissent dans vous mon épouse et leur reine.
Oubliez tout le reste, et daignez accepter
Et le sceptre et la main qu'on vient vous présenter.

voir la même matière différemment traitée. Il est arrivé à notre théâtre ce qu'on voit tous les jours dans une galerie de peinture où plusieurs tableaux représentent le même sujet ; les connaisseurs se plaisent à remarquer les diverses manières; chacun saisit, selon son goût, le caractère de chaque peintre; c'est une espèce de concours qui sert à la fois à perfectionner l'art, et à augmenter les lumières du public.

Si la Mérope française a eu le même succès que la Mérope italienne, c'est à vous, monsieur, que je le dois; c'est à cette simplicité dont j'ai toujours été idolâtre, qui, dans votre ouvrage, m'a servi de modèle. Si j'ai marché dans une route différente, vous m'y avez toujours servi de guide.

J'aurais souhaité pouvoir, à l'exemple des Italiens et des Anglais, employer l'heureuse facilité des vers blancs, et je me suis souvenu plus d'une fois de ce passage de Rucellai :

> Tu sai pur che l'imagin' della voce
> Che risponde da i sassi, dove l'echo alberga,
> Sempre nemica fu del nostro regno,
> E fu inventrice delle prime rime,

Mais je me suis aperçu, et j'ai dit, il y a long-temps, qu'une telle tentative n'aurait jamais de succès en France, et qu'il y aurait beaucoup plus de faiblesse que de force à éluder un joug qu'ont porté les auteurs de tant d'ouvrages qui dureront autant que la nation française. Notre poésie n'a aucune des libertés de la vôtre, et c'est peut-être une des raisons pour lesquelles les Italiens nous ont précédés de plus de trois siècles dans cet art si aimable et si difficile.

Je voudrais, monsieur, pouvoir vous suivre dans vos autres connaissances, comme j'ai eu le bonheur de vous imiter dans la tragédie. Que n'ai-je pu me former sur votre goût dans la science de l'histoire! non pas dans cette science vague et stérile des faits et des dates, qui se borne à savoir en quel temps mourut un homme inutile ou funeste au monde, science uniquement de dictionnaire, qui chargerait la mémoire sans éclairer l'esprit ; je veux parler de cette histoire de l'esprit humain, qui apprend à connaître les mœurs, qui nous trace, de faute en faute et de préjugé en préjugé, les effets des passions des hommes, qui nous fait voir ce que l'ignorance, ou un pouvoir mal entendu, ont causé de maux, et qui suit surtout le fil du progrès des arts, à travers ce choc effroyable de tant de puissances, et ce bouleversement de tant d'empires.

C'est par là que l'histoire m'est précieuse, et elle me le devient davantage par la place que vous tiendrez parmi ceux qui ont donné de nouveaux plaisirs et de nouvelles lumières aux hommes. La postérité apprendra avec émulation que votre patrie vous a rendu les honneurs les plus rares, et que Vérone vous a élevé une statue, avec cette inscription, AU MARQUIS SCIPION MAFFEI VIVANT : inscription aussi belle en son genre que celle qu'on lit à Montpellier, A LOUIS XIV APRÈS SA MORT.

Daignez ajouter, monsieur, aux hommages de vos concitoyens, celui d'un étranger que sa respectueuse estime vous attache autant que s'il était né à Vérone.

MÉROPE,

TRAGÉDIE,

Représentée, pour la première fois, le 20 février 1743.

PERSONNAGES.

MÉROPE, veuve de Cresphonte, roi de Messène.
ÉGISTHE, fils de Mérope.
POLYPHONTE, tyran de Messène.
NARBAS, vieillard.
EURYCLÈS, favori de Mérope.
ÉROX, favori de Polyphonte.
ISMÉNIE, confidente de Mérope.

La scène est à Messène, dans le palais de Mérope.

MÉROPE,
TRAGÉDIE.

ACTE PREMIER.

SCÈNE I.
MÉROPE, ISMÉNIE.

ISMÉNIE.

Grande reine, écartez ces horribles images;
Goûtez des jours sereins, nés du sein des orages.
Les dieux nous ont donné la victoire et la paix :
Ainsi que leur courroux ressentez leurs bienfaits.
Messène, après quinze ans de guerres intestines,
Lève un front moins timide, et sort de ses ruines.
Vos yeux ne verront plus tous ces chefs ennemis
Divisés d'intérêts, et pour le crime unis,
Par les saccagements, le sang, et le ravage,
Du meilleur de nos rois disputer l'héritage.
Nos chefs, nos citoyens, rassemblés sous vos yeux,
Les organes des lois, les ministres des dieux,
Vont, libres dans leur choix, décerner la couronne.
Sans doute elle est à vous, si la vertu la donne.
Vous seule avez sur nous d'irrévocables droits;
Vous, veuve de Cresphonte, et fille de nos rois;
Vous, que tant de constance, et quinze ans de misère,
Font encor plus auguste et nous rendent plus chère;
Vous, pour qui tous les cœurs en secret réunis....

MÉROPE.
Quoi ! Narbas ne vient point ! Reverrai-je mon fils ?
ISMÉNIE.
Vous pouvez l'espérer : déja d'un pas rapide
Vos esclaves en foule ont couru dans l'Élide ;
La paix a de l'Élide ouvert tous les chemins.
Vous avez mis sans doute en de fidèles mains
Ce dépôt si sacré, l'objet de tant d'alarmes.
MÉROPE.
Me rendrez-vous mon fils, dieux témoins de mes larmes ?
Égisthe est-il vivant ? Avez-vous conservé
Cet enfant malheureux, le seul que j'ai sauvé ?
Écartez loin de lui la main de l'homicide.
C'est votre fils, hélas ! c'est le pur sang d'Alcide.
Abandonnerez-vous ce reste précieux
Du plus juste des rois, et du plus grand des dieux.
L'image de l'époux dont j'adore la cendre ?
ISMÉNIE.
Mais quoi ! cet intérêt et si juste et si tendre
De tout autre intérêt peut-il vous détourner ?
MÉROPE.
Je suis mère ; et tu peux encor t'en étonner ?
ISMÉNIE.
Du sang dont vous sortez l'auguste caractère
Sera-t-il effacé par cet amour de mère ?
Son enfance était chère à vos yeux éplorés ;
Mais vous avez peu vu ce fils que vous pleurez.
MÉROPE.
Mon cœur a vu toujours ce fils que je regrette,
Ses périls nourrissaient ma tendresse inquiète ;
Un si juste intérêt s'accrut avec le temps.
Un mot seul de Narbas, depuis plus de quatre ans,

Vint dans la solitude où j'étais retenue
Porter un nouveau trouble à mon ame éperdue :
Égisthe, écrivait-il, mérite un meilleur sort ;
Il est digne de vous et des dieux dont il sort :
En butte à tous les maux, sa vertu les surmonte :
Espérez tout de lui, mais craignez Polyphonte.

ISMÉNIE.

De Polyphonte au moins prévenez les desseins ;
Laissez passer l'empire en vos augustes mains.

MÉROPE.

L'empire est à mon fils. Périsse la marâtre,
Périsse le cœur dur, de soi-même idolâtre,
Qui peut goûter en paix dans le suprême rang
Le barbare plaisir d'hériter de son sang !
Si je n'ai plus de fils, que m'importe un empire ?
Que m'importe ce ciel, ce jour que je respire ?
Je dus y renoncer alors que dans ces lieux
Mon époux fut trahi des mortels et des dieux.
O perfidie ! ô crime ! ô jour fatal au monde !
O mort toujours présente à ma douleur profonde !
J'entends encor ces voix, ces lamentables cris,
Ces cris : « Sauvez le roi, son épouse, et ses fils ! »
Je vois ces murs sanglants, ces portes embrasées,
Sous ces lambris fumants ces femmes écrasées,
Ces esclaves fuyants, le tumulte, l'effroi,
Les armes, les flambeaux, la mort autour de moi.
Là, nageant dans son sang, et souillé de poussière,
Tournant encor vers moi sa mourante paupière,
Cresphonte en expirant me serra dans ses bras ;
Là, deux fils malheureux, condamnés au trépas,
Tendres et premiers fruits d'une union si chère,
Sanglants et renversés sur le sein de leur père,

3.

A peine soulevaient leurs innocentes mains.
Hélas! ils m'imploraient contre leurs assassins.
Égisthe échappa seul; un dieu prit sa défense :
Veille sur lui, grand dieu qui sauvas son enfance !
Qu'il vienne; que Narbas le ramène à mes yeux
Du fond de ses deserts au rang de ses aïeux !
J'ai supporté quinze ans mes fers et son absence;
Qu'il règne au lieu de moi : voilà ma récompense.

SCÈNE II.

MÉROPE, ISMÉNIE, EURYCLÈS.

MÉROPE.

Eh bien! Narbas? mon fils?

EURYCLÈS.

Vous me voyez confus;
Tant de pas, tant de soins ont été superflus.
On a couru, madame, aux rives du Pénée,
Dans les champs d'Olympie, aux murs de Salmonée :
Narbas est inconnu; le sort dans ces climats
Dérobe à tous les yeux la trace de ses pas.

MÉROPE.

Hélas! Narbas n'est plus; j'ai tout perdu, sans doute.

ISMÉNIE.

Vous croyez tous les maux que votre ame redoute;
Peut-être, sur les bruits de cette heureuse paix,
Narbas ramène un fils si cher à nos souhaits.

EURYCLÈS.

Peut-être sa tendresse, éclairée et discrète,
A caché son voyage ainsi que sa retraite :
Il veille sur Égisthe : il craint ces assassins
Qui du roi votre époux ont tranché les destins.

ACTE I, SCÈNE II.

De leurs affreux complots il faut tromper la rage.
Autant que je l'ai pu j'assure son passage ;
Et j'ai sur ces chemins de carnage abreuvés
Des yeux toujours ouverts, et des bras éprouvés.

MÉROPE.

Dans ta fidélité j'ai mis ma confiance.

EURYCLÈS.

Hélas ! que peut pour vous ma triste vigilance ?
On va donner son trône : en vain ma faible voix
Du sang qui le fit naître a fait parler les droits ;
L'injustice triomphe, et ce peuple, à sa honte,
Au mépris de nos lois, penche vers Polyphonte.

MÉROPE.

Et le sort jusque-là pourrait nous avilir !
Mon fils dans ses états reviendrait pour servir !
Il verrait son sujet au rang de ses ancêtres !
Le sang de Jupiter aurait ici des maîtres !
Je n'ai donc plus d'amis ? Le nom de mon époux,
Insensibles sujets, a donc péri pour vous ?
Vous avez oublié ses bienfaits et sa gloire !

EURYCLÈS.

Le nom de votre époux est cher à leur mémoire :
On regrette Cresphonte, on le pleure, on vous plaint ;
Mais la force l'emporte, et Polyphonte est craint.

MÉROPE.

Ainsi donc par mon peuple en tout temps accablée,
Je verrai la justice à la brigue immolée ;
Et le vil intérêt, cet arbitre du sort,
Vend toujours le plus faible aux crimes du plus fort.
Allons, et rallumons dans ces ames timides
Ces regrets mal éteints du sang des Héraclides :

Flattons leur espérance, excitons leur amour.
Parlez, et de leur maître annoncez le retour.

EURYCLÈS.

Je n'ai que trop parlé : Polyphonte en alarmes
Craint déja votre fils, et redoute vos larmes ;
La fière ambition dont il est dévoré
Est inquiète, ardente, et n'a rien de sacré.
S'il chassa les brigands de Pylos et d'Amphryse,
S'il a sauvé Messène, il croit l'avoir conquise.
Il agit pour lui seul, il veut tout asservir :
Il touche à la couronne ; et, pour mieux la ravir,
Il n'est point de rempart que sa main ne renverse,
De lois qu'il ne corrompe, et de sang qu'il ne verse :
Ceux dont la main cruelle égorgea votre époux
Peut-être ne sont pas plus à craindre pour vous.

MÉROPE.

Quoi ! partout sous mes pas le sort creuse un abîme !
Je vois autour de moi le danger et le crime ;
Polyphonte, un sujet de qui les attentats....

EURYCLÈS.

Dissimulez, madame, il porte ici ses pas.

SCÈNE III.

MÉROPE, POLYPHONTE, ÉROX.

POLYPHONTE.

MADAME, il faut enfin que mon cœur se déploie.
Ce bras qui vous servit m'ouvre au trône une voie ;
Et les chefs de l'état, tout prêts de prononcer,
Me font entre nous deux l'honneur de balancer.
Des partis opposés qui désolaient Messènes,
Qui versaient tant de sang, qui formaient tant de haines,

ACTE I, SCÈNE III.

Il ne reste aujourd'hui que le vôtre et le mien.
Nous devons l'un à l'autre un mutuel soutien :
Nos ennemis communs, l'amour de la patrie,
Le devoir, l'intérêt, la raison, tout nous lie;
Tout vous dit qu'un guerrier, vengeur de votre époux,
S'il aspire à régner, peut aspirer à vous.
Je me connais; je sais que, blanchi sous les armes,
Ce front triste et sévère a pour vous peu de charmes
Je sais que vos appas, encor dans leur printemps,
Pourraient s'effaroucher de l'hiver de mes ans;
Mais la raison d'état connaît peu ces caprices;
Et de ce front guerrier les nobles cicatrices
Ne peuvent se couvrir que du bandeau des rois.
Je veux le sceptre et vous pour prix de mes exploits
N'en croyez pas, madame, un orgueil téméraire :
Vous êtes de nos rois et la fille et la mère;
Mais l'état veut un maître, et vous devez songer
Que pour garder vos droits, il les faut partager.

MÉROPE.

Le ciel, qui m'accabla du poids de sa disgrâce,
Ne m'a point préparée à ce comble d'audace.
Sujet de mon époux, vous m'osez proposer
De trahir sa mémoire et de vous épouser?
Moi, j'irais de mon fils, du seul bien qui me reste,
Déchirer avec vous l'héritage funeste?
Je mettrais en vos mains sa mère et son état,
Et le bandeau des rois sur le front d'un soldat?

POLYPHONTE.

Un soldat tel que moi peut justement prétendre
A gouverner l'état quand il l'a su défendre.
Le premier qui fut roi fut un soldat heureux.
Qui sert bien son pays n'a pas besoin d'aïeux.

Je n'ai plus rien du sang qui m'a donné la vie ;
Ce sang s'est épuisé, versé pour la patrie ;
Ce sang coula pour vous ; et, malgré vos refus,
Je crois valoir au moins les rois que j'ai vaincus :
Et je n'offre en un mot à votre ame rebelle
Que la moitié d'un trône où mon parti m'appelle.

MÉROPE.

Un parti ! Vous, barbare, au mépris de nos lois !
Est-il d'autre parti que celui de vos rois ?
Est-ce là cette foi si pure et si sacrée,
Qu'à mon époux, à moi, votre bouche a jurée ?
La foi que vous devez à ses mânes trahis,
A sa veuve éperdue, à son malheureux fils,
A ces dieux dont il sort, et dont il tient l'empire ?

POLYPHONTE.

Il est encor douteux si votre fils respire.
Mais quand du sein des morts il viendrait en ces lieux
Redemander son trône à la face des dieux,
Ne vous y trompez pas, Messène veut un maître
Éprouvé par le temps, digne en effet de l'être ;
Un roi qui la défende ; et j'ose me flatter
Que le vengeur du trône a seul droit d'y monter.
Égisthe jeune encore, et sans expérience,
Étalerait en vain l'orgueil de sa naissance ;
N'ayant rien fait pour nous, il n'a rien mérité.
D'un prix bien différent ce trône est acheté.
Le droit de commander n'est plus un avantage
Transmis par la nature ainsi qu'un héritage ;
C'est le fruit des travaux et du sang répandu ;
C'est le prix du courage : et je crois qu'il m'est dû.
Souvenez-vous du jour où vous fûtes surprise
Par ces lâches brigands de Pylos et d'Amphryse ;

Revoyez votre époux, et vos fils malheureux,
Presqu'en votre présence assassinés par eux;
Revoyez-moi, madame, arrêtant leur furie,
Chassant vos ennemis, défendant la patrie;
Voyez ces murs enfin par mon bras délivrés;
Songez que j'ai vengé l'époux que vous pleurez :
Voilà mes droits, madame, et mon rang, et mon titre;
La valeur fit ces droits; le ciel en est l'arbitre.
Que votre fils revienne; il apprendra sous moi
Les leçons de la gloire, et l'art de vivre en roi :
Il verra si mon front soutiendra la couronne.
Le sang d'Alcide est beau, mais n'a rien qui m'étonne.
Je recherche un honneur et plus noble et plus grand;
Je songe à ressembler au dieu dont il descend :
En un mot, c'est à moi de défendre sa mère,
Et de servir au fils et d'exemple et de père.

MÉROPE.

N'affectez point ici des soins si généreux,
Et cessez d'insulter à mon fils malheureux.
Si vous osez marcher sur les traces d'Alcide,
Rendez donc l'héritage au fils d'un Héraclide.
Ce dieu, dont vous seriez l'injuste successeur,
Vengeur de tant d'états, n'en fut point ravisseur.
Imitez sa justice ainsi que sa vaillance;
Défendez votre roi; secourez l'innocence;
Découvrez, rendez-moi ce fils que j'ai perdu,
Et méritez sa mère à force de vertu;
Dans vos murs relevés rappelez votre maître :
Alors jusques à vous je descendrais peut-être.
Je pourrais m'abaisser; mais je ne puis jamais
Devenir la complice et le prix des forfaits.

SCÈNE IV.

POLYPHONTE, ÉROX.

ÉROX.

Seigneur, attendez-vous que son ame fléchisse?
Ne pouvez-vous régner qu'au gré de son caprice?
Vous avez su du trône applanir le chemin;
Et pour vous y placer vous attendez sa main!

POLYPHONTE.

Entre ce trône et moi je vois un précipice;
Il faut que ma fortune y tombe ou le franchisse.
Mérope attend Égisthe; et le peuple aujourd'hui,
Si son fils reparaît, peut se tourner vers lui.
En vain, quand j'immolai son père et ses deux frères,
De ce trône sanglant je m'ouvris les barrières;
En vain, dans ce palais, où la sédition
Remplissait tout d'horreur et de confusion,
Ma fortune a permis qu'un voile heureux et sombre
Couvrît mes attentats du secret de son ombre;
En vain du sang des rois dont je suis l'oppresseur,
Les peuples abusés m'ont cru le défenseur:
Nous touchons au moment où mon sort se décide.
S'il reste un rejeton de la race d'Alcide,
Si ce fils, tant pleuré, dans Messène est produit,
De quinze ans de travaux j'ai perdu tout le fruit.
Crois-moi, ces préjugés de sang et de naissance
Revivront dans les cœurs, y prendront sa défense.
Le souvenir du père, et cent rois pour aïeux,
Cet honneur prétendu d'être issu de nos dieux,
Les cris, le désespoir d'une mère éplorée,
Détruiront ma puissance encor mal assurée.

ACTE I, SCÈNE IV.

Égisthe est l'ennemi dont il faut triompher.
Jadis dans son berceau je voulus l'étouffer.
De Narbas à mes yeux l'adroite diligence
Aux mains qui me servaient arracha son enfance :
Narbas, depuis ce temps, errant loin de ces bords,
A bravé ma recherche, a trompé mes efforts.
J'arrêtai ses courriers ; ma juste prévoyance
De Mérope et de lui rompit l'intelligence.
Mais je connais le sort ; il peut se démentir ;
De la nuit du silence un secret peut sortir ;
Et des dieux quelquefois la longue patience
Fait sur nous à pas lents descendre la vengeance.

ÉROX.

Ah ! livrez-vous sans crainte à vos heureux destins.
La prudence est le dieu qui veille à vos desseins.
Vos ordres sont suivis : déja vos satellites
D'Élide et de Messène occupent les limites.
Si Narbas reparaît, si jamais à leurs yeux
Narbas ramène Égisthe, ils périssent tous deux.

POLYPHONTE.

Mais, me réponds-tu bien de leur aveugle zèle ?

ÉROX.

Vous les avez guidés par une main fidèle :
Aucun d'eux ne connaît ce sang qui doit couler,
Ni le nom de ce roi qu'ils doivent immoler.
Narbas leur est dépeint comme un traître, un transfuge,
Un criminel errant, qui demande un refuge ;
L'autre, comme un esclave, et comme un meurtrier
Qu'à la rigueur des lois il faut sacrifier.

POLYPHONTE.

Eh bien, encor ce crime ! il m'est trop nécessaire :
Mais en perdant le fils, j'ai besoin de la mère ;

J'ai besoin d'un hymen utile à ma grandeur,
Qui détourne de moi le nom d'usurpateur,
Qui fixe enfin les vœux de ce peuple infidèle,
Qui m'apporte pour dot l'amour qu'on a pour elle.
Je lis au fond des cœurs; à peine ils sont à moi:
Échauffés par l'espoir, ou glacés par l'effroi,
L'intérêt me les donne; il les ravit de même.
Toi, dont le sort dépend de ma grandeur suprême,
Appui de mes projets par tes soins dirigés,
Érox, va réunir les esprits partagés;
Que l'avare en secret te vende son suffrage:
Assure au courtisan ma faveur en partage;
Du lâche qui balance échauffe les esprits:
Promets, donne, conjure, intimide, éblouis.
Ce fer au pied du trône en vain m'a su conduire;
C'est encor peu de vaincre, il faut savoir séduire,
Flatter l'hydre du peuple, au frein l'accoutumer,
Et pousser l'art enfin jusqu'à m'en faire aimer.

FIN DU PREMIER ACTE.

ACTE SECOND.

SCÈNE I.
MÉROPE, EURYCLÈS, ISMÉNIE.

MÉROPE.

Quoi! l'univers se tait sur le destin d'Égisthe!
Je n'entends que trop bien ce silence si triste.
Aux frontières d'Elide enfin n'a-t-on rien su?

EURYCLÈS.

On n'a rien découvert; et tout ce qu'on a vu,
C'est un jeune étranger, de qui la main sanglante
D'un meurtre encor récent paraissait dégouttante;
Enchaîné par mon ordre, on l'amène au palais.

MÉROPE.

Un meurtre! un inconnu! Qu'a-t-il fait, Euryclès?
Quel sang a-t-il versé? Vous me glacez de crainte.

EURYCLÈS.

Triste effet de l'amour dont votre ame est atteinte!
Le moindre évènement vous porte un coup mortel;
Tout sert à déchirer ce cœur trop maternel;
Tout fait parler en vous la voix de la nature.
Mais de ce meurtrier la commune aventure
N'a rien dont vos esprits doivent être agités.
De crimes, de brigands ces bords sont infectés;
C'est le fruit malheureux de nos guerres civiles.
La justice est sans force; et nos champs et nos villes
Redemandent aux dieux, trop long-temps négligés,
Le sang des citoyens l'un par l'autre égorgés.
Écartez des terreurs dont le poids vous afflige.

MÉROPE.
Quel est cet inconnu ? Répondez-moi, vous dis-je.
EURYCLÈS.
C'est un de ces mortels du sort abandonnés,
Nourris dans la bassesse, aux travaux condamnés ;
Un malheureux sans nom, si l'on croit l'apparence.
MÉROPE.
N'importe, quel qu'il soit, qu'il vienne en ma présence ;
Le témoin le plus vil et les moindres clartés
Nous montrent quelquefois de grandes vérités.
Peut-être j'en crois trop le trouble qui me presse ;
Mais ayez-en pitié, respectez ma faiblesse :
Mon cœur a tout à craindre, et rien à négliger.
Qu'il vienne, je le veux, je veux l'interroger.
EURYCLÈS.
(à Isménie.)
Vous serez obéie. Allez, et qu'on l'amène ;
Qu'il paraisse à l'instant aux regards de la reine.
MÉROPE.
Je sens que je vais prendre un inutile soin.
Mon désespoir m'aveugle ; il m'emporte trop loin :
Vous savez s'il est juste. On comble ma misère ;
On détrône le fils, on outrage la mère.
Polyphonte, abusant de mon triste destin,
Ose enfin s'oublier jusqu'à m'offrir sa main.
EURYCLÈS.
Vos malheurs sont plus grands que vous ne pouvez croire.
Je sais que cet hymen offense votre gloire ;
Mais je vois qu'on l'exige, et le sort irrité
Vous fait de cet opprobre une nécessité :
C'est un cruel parti ; mais c'est le seul peut-être
Qui pourrait conserver le trône à son vrai maître.

ACTE II, SCÈNE I.

Tel est le sentiment des chefs et des soldats ;
Et l'on croit....

MÉROPE.

Non, mon fils ne le souffrirait pas ;
L'exil, où son enfance a langui condamnée,
Lui serait moins affreux que ce lâche hyménée.

EURYCLÈS.

Il le condamnerait, si, paisible en son rang,
Il n'en croyait ici que les droits de son sang ;
Mais si par les malheurs son ame était instruite,
Sur ses vrais intérêts s'il réglait sa conduite,
De ses tristes amis s'il consultait la voix,
Et la nécessité, souveraine des lois,
Il verrait que jamais sa malheureuse mère
Ne lui donna d'amour une marque plus chère.

MÉROPE.

Ah! que me dites-vous ?

EURYCLÈS.

De dures vérités,
Que m'arrachent mon zèle et vos calamités.

MÉROPE.

Quoi! vous me demandez que l'intérêt surmonte
Cette invincible horreur que j'ai pour Polyphonte,
Vous, qui me l'avez peint de si noires couleurs !

EURYCLÈS.

Je l'ai peint dangereux, je connais ses fureurs ;
Mais il est tout-puissant ; mais rien ne lui résiste ;
Il est sans héritier, et vous aimez Egisthe.

MÉROPE.

Ah! c'est ce même amour, à mon gré précieux,
Qui me rend Polyphonte encor plus odieux.

Que parlez-vous toujours et d'hymen et d'empire ?
Parlez-moi de mon fils ; dites-moi s'il respire.
Cruel ! apprenez-moi....

EURYCLÈS.

Voici cet étranger,
Que vos tristes soupçons brûlaient d'interroger.

SCÈNE II.

MÉROPE, EURYCLÈS, ÉGISTHE, *enchaîné*, ISMÉNIE, GARDES.

ÉGISTHE, *dans le fond du théâtre, à Isménie.*
EST-CE là cette reine auguste et malheureuse,
Celle de qui la gloire, et l'infortune affreuse
Retentit jusqu'à moi dans le fond des déserts ?

ISMÉNIE.

Rassurez-vous, c'est elle.

(elle sort.)

ÉGISTHE.

O dieu de l'univers !
Dieu, qui formas ses traits, veille sur ton image !
La vertu sur le trône est ton plus digne ouvrage

MÉROPE.

C'est là ce meurtrier ? Se peut-il qu'un mortel
Sous des dehors si doux ait un cœur si cruel ?
Approche, malheureux, et dissipe tes craintes.
Réponds-moi : De quel sang tes mains sont-elles teintes ?

ÉGISTHE.

O reine, pardonnez : le trouble, le respect,
Glacent ma triste voix tremblante à votre aspect.
    (à Euryclès.)
Mon ame, en sa présence, étonnée, attendrie....

ACTE II, SCÈNE II.

MÉROPE.

Parle. De qui ton bras a-t-il tranché la vie?

ÉGISTHE.

D'un jeune audacieux, que les arrêts du sort
Et ses propres fureurs ont conduit à la mort.

MÉROPE.

D'un jeune homme! Mon sang s'est glacé dans mes veines.
Ah!.... T'était-il connu?

ÉGISTHE.

     Non : les champs de Messènes,
Ses murs, leurs citoyens, tout est nouveau pour moi.

MÉROPE.

Quoi! ce jeune inconnu s'est armé contre toi?
Tu n'aurais employé qu'une juste défense?

ÉGISTHE.

J'en atteste le ciel; il sait mon innocence.
Aux bords de la Pamise, en un temple sacré,
Où l'un de vos aïeux, Hercule, est adoré,
J'osais prier pour vous ce dieu vengeur des crimes :
Je ne pouvais offrir ni présents ni victimes :
Né dans la pauvreté, j'offrais de simples vœux,
Un cœur pur et soumis, présent des malheureux.
Il semblait que le dieu, touché de mon hommage,
Au-dessus de moi-même élevât mon courage.
Deux inconnus armés m'ont abordé soudain,
L'un dans la fleur des ans, l'autre vers son déclin.
Quel est donc, m'ont-ils dit, le dessein qui te guide?
Et quels vœux formes-tu pour la race d'Alcide?
L'un et l'autre à ces mots ont levé le poignard.
Le ciel m'a secouru dans ce triste hasard :
Cette main du plus jeune a puni la furie :
Percé de coups, madame, il est tombé sans vie :

L'autre a fui lâchement, tel qu'un vil assassin.
Et moi, je l'avouerai, de mon sort incertain,
Ignorant de quel sang j'avais rougi la terre,
Craignant d'être puni d'un meurtre involontaire,
J'ai traîné dans les flots ce corps ensanglanté.
Je fuyais; vos soldats m'ont bientôt arrêté:
Ils ont nommé Mérope, et j'ai rendu les armes.

EURYCLÈS.

Eh! madame, d'où vient que vous versez des larmes?

MÉROPE.

Te le dirai-je? hélas! tandis qu'il m'a parlé,
Sa voix m'attendrissait; tout mon cœur s'est troublé.
Cresphonte, ô ciel!... j'ai cru... que j'en rougis de honte
Oui, j'ai cru démêler quelques traits de Cresphonte.
Jeux cruels du hasard, en qui me montrez-vous
Une si fausse image et des rapports si doux?
Affreux ressouvenir, quel vain songe m'abuse!

EURYCLÈS.

Rejetez donc, madame, un soupçon qui l'accuse;
Il n'a rien d'un barbare, et rien d'un imposteur.

MÉROPE.

Les dieux ont sur son front imprimé la candeur.
Demeurez; en quel lieu le ciel vous fit-il naître?

ÉGISTHE.

En Élide.

MÉROPE.

Qu'entends-je! en Élide! Ah! peut-être....
L'Élide.... répondez.... Narbas vous est connu?
Le nom d'Égisthe au moins jusqu'à vous est venu?
Quel était votre état, votre rang, votre père?

ÉGISTHE.

Mon père est un vieillard accablé de misère;

ACTE II, SCÈNE II.

Polyclète est son nom : mais Égisthe, Narbas,
Ceux dont vous me parlez, je ne les connais pas.
MÉROPE.
O dieux, vous vous jouez d'une triste mortelle !
J'avais de quelque espoir une faible étincelle ;
J'entrevoyais le jour, et mes yeux affligés
Dans la profonde nuit sont déja replongés.
Et quel rang vos parents tiennent-ils dans la Grèce ?
ÉGISTHE.
Si la vertu suffit pour faire la noblesse,
Ceux dont je tiens le jour, Polyclète, Sirris,
Ne sont point des mortels dignes de vos mépris :
Leur sort les avilit ; mais leur sage constance
Fait respecter en eux l'honorable indigence.
Sous ses rustiques toits mon père vertueux
Fait le bien, suit les lois, et ne craint que les dieux.
MÉROPE.
Chaque mot qu'il me dit est plein de nouveaux charmes :
Pourquoi donc le quitter, pourquoi causer ses larmes ?
Sans doute il est affreux d'être privé d'un fils.
ÉGISTHE.
Un vain désir de gloire a séduit mes esprits.
On me parlait souvent des troubles de Messène,
Des malheurs dont le ciel avait frappé la reine,
Surtout de ses vertus, dignes d'un autre prix :
Je me sentais ému par ces tristes récits.
De l'Élide en secret dédaignant la mollesse,
J'ai voulu dans la guerre exercer ma jeunesse,
Servir sous vos drapeaux, et vous offrir mon bras ;
Voilà le seul dessein qui conduisit mes pas.
Ce faux instinct de gloire égara mon courage :
A mes parents, flétris sous les rides de l'âge.

J'ai de mes jeunes ans dérobé le secours;
C'est ma première faute; elle a troublé mes jours:
Le ciel m'en a puni : le ciel inexorable
M'a conduit dans le piège, et m'a rendu coupable.

MÉROPE.

Il ne l'est point; j'en crois son ingénuité :
Le mensonge n'a point cette simplicité.
Tendons à sa jeunesse une main bienfaisante;
C'est un infortuné que le ciel me présente.
Il suffit qu'il soit homme, et qu'il soit malheureux.
Mon fils peut éprouver un sort plus rigoureux.
Il me rappelle Égisthe; Égisthe est de son âge :
Peut-être, comme lui, de rivage en rivage,
Inconnu, fugitif, et partout rebuté,
Il souffre le mépris qui suit la pauvreté.
L'opprobre avilit l'ame, et flétrit le courage.
Pour le sang de nos dieux quel horrible partage !
Si du moins....

SCÈNE III.

MÉROPE, ÉGISTHE, EURYCLÈS, ISMÉNIE.

ISMÉNIE.

Ah ! madame, entendez-vous ces cris ?
Savez-vous bien ...

MÉROPE.

Quel trouble alarme tes esprits ?

ISMÉNIE.

Polyphonte l'emporte, et nos peuples volages
A son ambition prodiguent leurs suffrages.
Il est roi, c'en est fait.

ACTE II, SCÈNE III.

ÉGISTHE.
                        J'avais cru que les dieux
Auraient placé Mérope au rang de ses aïeux.
Dieux! que plus on est grand, plus vos coups sont à craindre!
Errant, abandonné, je suis le moins à plaindre.
Tout homme a ses malheurs.

(On emmène Égisthe.)

EURYCLÈS, *à Mérope.*
                        Je vous l'avais prédit :
Vous avez trop bravé son offre et son crédit.

MÉROPE.
Je vois toute l'horreur de l'abîme où nous sommes.
J'ai mal connu les dieux, j'ai mal connu les hommes :
J'en attendais justice ; ils la refusent tous.

EURYCLÈS.
Permettez que du moins j'assemble autour de vous
Ce peu de nos amis qui, dans un tel orage,
Pourraient encor sauver les débris du naufrage,
Et vous mettre à l'abri des nouveaux attentats
D'un maître dangereux, et d'un peuple d'ingrats.

SCÈNE IV

MÉROPE, ISMÉNIE.

ISMÉNIE.
L'ÉTAT n'est point ingrat ; non, madame : on vous aime,
On vous conserve encor l'honneur du diadème :
On veut que Polyphonte, en vous donnant la main,
Semble tenir de vous le pouvoir souverain.

MÉROPE.
On ose me donner au tyran qui me brave ;
On a trahi le fils, on fait la mère esclave !

ISMÉNIE.

Le peuple vous rappelle au rang de vos aïeux ;
Suivez sa voix, madame ; elle est la voix des dieux.

MÉROPE.

Inhumaine, tu veux que Mérope avilie
Rachète un vain honneur à force d'infamie !

SCÈNE V.

MÉROPE, EURYCLÈS, ISMÉNIE.

EURYCLÈS.

Madame, je reviens en tremblant devant vous :
Préparez ce grand cœur aux plus terribles coups ;
Rappelez votre force, à ce dernier outrage.

MÉROPE.

Je n'en ai plus ; les maux ont lassé mon courage :
Mais n'importe ; parlez.

EURYCLÈS.

C'en est fait ; et le sort....
Je ne puis achever.

MÉROPE.

Quoi ! mon fils !

EURYCLÈS.

Il est mort.
Il est trop vrai : déja cette horrible nouvelle
Consterne vos amis, et glace tout leur zèle.

MÉROPE.

Mon fils est mort !

ISMÉNIE.

O dieux !

ACTE II, SCÈNE V.

EURYCLÈS.

D'indignes assassins
Des piéges de la mort ont semé les chemins.
Le crime est consommé.

MÉROPE.

Quoi! ce jour, que j'abhorre,
Ce soleil luit pour moi! Mérope vit encore!
Il n'est plus! Quelles mains ont déchiré son flanc?
Quel monstre a répandu les restes de mon sang?

EURYCLÈS.

Hélas! cet étranger, ce séducteur impie,
Dont vous-même admiriez la vertu poursuivie,
Pour qui tant de pitié naissait dans votre sein,
Lui que vous protégiez!...

MÉROPE.

Ce monstre est l'assassin!

EURYCLÈS.

Oui, madame; on en a des preuves trop certaines:
On vient de découvrir, de mettre dans les chaînes
Deux de ses compagnons, qui, cachés parmi nous,
Cherchaient encor Narbas échappé de leurs coups.
Celui qui sur Égisthe a mis ses mains hardies
A pris de votre fils les dépouilles chéries,
L'armure que Narbas emporta de ces lieux :
(on apporte cette armure dans le fond du théâtre.)
Le traître avait jeté ces gages précieux,
Pour n'être point connu par ces marques sanglantes.

MÉROPE.

Ah! que me dites-vous? Mes mains, ces mains tremblantes
En armèrent Cresphonte, alors que de mes bras
Pour la première fois il courut aux combats.

O dépouille trop chère, en quelles mains livrée !
Quoi ! ce monstre avait pris cette armure sacrée ?

EURYCLÈS.
Celle qu'Égisthe même apportait en ces lieux.

MÉROPE.
Et teinte de son sang on la montre à mes yeux !
Ce vieillard qu'on a vu dans le temple d'Alcide....

EURYCLÈS.
C'était Narbas ; c'était son déplorable guide ;
Polyphonte l'avoue.

MÉROPE.
Affreuse vérité !
Hélas ! de l'assassin le bras ensanglanté,
Pour dérober aux yeux son crime et son parjure,
Donne à mon fils sanglant les flots pour sépulture !
Je vois tout. O mon fils, quel horrible destin !

EURYCLÈS.
Voulez-vous tout savoir de ce lâche assassin ?

SCÈNE VI.
MÉROPE, EURYCLÈS, ISMÉNIE, ÉROX;
GARDES DE POLYPHONTE.

ÉROX.
MADAME, par ma voix, permettez que mon maître,
Trop dédaigné de vous, trop méconnu peut-être,
Dans ces cruels moments vous offre son secours.
Il a su que d'Égisthe on a tranché les jours ;
Et cette part qu'il prend aux malheurs de la reine....

MÉROPE.
Il y prend part, Érox, et je le crois sans peine ;

ACTE II, SCÈNE VI.

Il en jouit du moins, et les destins l'ont mis
Au trône de Cresphonte, au trône de mon fils.

ÉROX.

Il vous offre ce trône ; agréez qu'il partage
De ce fils qui n'est plus, le sanglant héritage,
Et que, dans vos malheurs, il mette à vos genoux
Un front que la couronne a fait digne de vous.
Mais il faut dans mes mains remettre le coupable :
Le droit de le punir est un droit respectable ;
C'est le devoir des rois : le glaive de Thémis,
Ce grand soutien du trône, à lui seul est commis :
A vous, comme à son peuple, il veut rendre justice.
Le sang des assassins est le vrai sacrifice
Qui doit de votre hymen ensanglanter l'autel.

MÉROPE.

Non ; je veux que ma main porte le coup mortel.
Si Polyphonte est roi, je veux que sa puissance
Laisse à mon désespoir le soin de ma vengeance.
Qu'il règne, qu'il possède et mes biens et mon rang :
Tout l'honneur que je veux, c'est de venger mon sang.
Ma main est à ce prix ; allez, qu'il s'y prépare :
Je la retirerai du sein de ce barbare,
Pour la porter fumante aux autels de nos dieux.

ÉROX.

Le roi, n'en doutez point, va remplir tous vos vœux.
Croyez qu'à vos regrets son cœur sera sensible.

SCÈNE VII.

MÉROPE, EURYCLÈS, ISMÉNIE.

MÉROPE.

Non, ne m'en croyez point; non, cet hymen horrible,
Cet hymen que je crains, ne s'accomplira pas.
Au sein du meurtrier j'enfoncerai mon bras;
Mais ce bras à l'instant m'arrachera la vie.

EURYCLÈS.

Madame, au nom des dieux....

MÉROPE.

                Ils m'ont trop poursuivie.
Irai-je à leurs autels, objet de leur courroux,
Quand ils m'ôtent un fils, demander un époux,
Joindre un sceptre étranger au sceptre de mes pères,
Et les flambeaux d'hymen aux flambeaux funéraires?
Moi, vivre! moi, lever mes regards éperdus
Vers ce ciel outragé que mon fils ne voit plus!
Sous un maître odieux dévorant ma tristesse,
Attendre dans les pleurs une affreuse vieillesse!
Quand on a tout perdu, quand on n'a plus d'espoir,
La vie est un opprobre, et la mort un devoir.

FIN DU SECOND ACTE.

ACTE TROISIÈME.

SCÈNE I.
NARBAS.

O douleur! ô regrets! ô vieillesse pesante!
Je n'ai pu retenir cette fougue imprudente,
Cette ardeur d'un héros, ce courage emporté,
S'indignant dans mes bras de son obscurité.
Je l'ai perdu! la mort me l'a ravi peut-être.
De quel front aborder la mère de mon maître?
Quels maux sont en ces lieux accumulés sur moi!
Je reviens sans Égisthe; et Polyphonte est roi!
Cet heureux artisan de fraudes et de crimes,
Cet assassin farouche entouré de victimes,
Qui, nous persécutant de climats en climats,
Sema partout la mort, attachée à nos pas:
Il règne; il affermit le trône qu'il profane;
Il y jouit en paix du ciel qui le condamne!
Dieux! cachez mon retour à ses yeux pénétrants;
Dieux! dérobez Égisthe au fer de ses tyrans:
Guidez-moi vers sa mère, et qu'à ses pieds je meure.
Je vois, je reconnais cette triste demeure
Où le meilleur des rois a reçu le trépas,
Où son fils tout sanglant fut sauvé dans mes bras.
Hélas! après quinze ans d'exil et de misère,
Je viens coûter encor des larmes à sa mère.
A qui me déclarer? Je cherche dans ces lieux
Quelque ami, dont la main me conduise à ses yeux;

Aucun ne se présente à ma débile vue.
Je vois près d'une tombe une foule éperdue :
J'entends des cris plaintifs. Hélas! dans ce palais
Un dieu persécuteur habite pour jamais.

SCÈNE II.

NARBAS, ISMÉNIE, *dans le fond du théâtre, où l'on découvre le tombeau de Cresphonte.*

ISMÉNIE.

QUEL est cet inconnu dont la vue indiscrète
Ose troubler la reine, et percer sa retraite ?
Est-ce de nos tyrans quelque ministre affreux,
Dont l'œil vient épier les pleurs des malheureux ?

NARBAS.

Oh! qui que vous soyez, excusez mon audace :
C'est un infortuné qui demande une grâce.
Il peut servir Mérope; il voudrait lui parler.

ISMÉNIE.

Ah! quel temps prenez-vous pour oser la troubler ?
Respectez la douleur d'une mère éperdue ;
Malheureux étranger, n'offensez point sa vue ;
Éloignez-vous.

NARBAS.

Hélas! au nom des dieux vengeurs,
Accordez cette grâce à mon âge, à mes pleurs.
Je ne suis point, madame, étranger dans Messène.
Croyez, si vous servez, si vous aimez la reine,
Que mon cœur, à son sort attaché comme vous,
De sa longue infortune a senti tous les coups.
Quelle est donc cette tombe en ces lieux élevée
Que j'ai vu de vos pleurs en ce moment lavée ?

ACTE III, SCÈNE II.

ISMÉNIE.

C'est la tombe d'un roi, des dieux abandonné,
D'un héros, d'un époux, d'un père infortuné,
De Cresphonte.

NARBAS, *allant vers le tombeau.*

O mon maître, ô cendres que j'adore!

ISMÉNIE.

L'épouse de Cresphonte est plus à plaindre encore.

NARBAS.

Quels coups auraient comblé ses malheurs inouis?

ISMÉNIE.

Le coup le plus terrible; on a tué son fils.

NARBAS.

Son fils Égisthe, ô dieux! le malheureux Égisthe!

ISMÉNIE.

Nul mortel en ces lieux n'ignore un sort si triste.

NARBAS.

Son fils ne serait plus?

ISMÉNIE.

Un barbare assassin
Aux portes de Messène a déchiré son sein.

NARBAS.

O désespoir! ô mort que ma crainte a prédite!
Il est assassiné? Mérope en est instruite?
Ne vous trompez-vous pas?

ISMÉNIE.

Des signes trop certains
Ont éclairé nos yeux sur ses affreux destins.
C'est vous en dire assez; sa perte est assurée.

NARBAS.

Quel fruit de tant de soins?

ISMÉNIE.
Au désespoir livrée
Mérope va mourir ; son courage est vaincu :
Pour son fils seulement Mérope avait vécu :
Des nœuds qui l'arrêtaient sa vie est dégagée ;
Mais avant de mourir elle sera vengée :
Le sang de l'assassin par sa main doit couler ;
Au tombeau de Cresphonte elle va l'immoler.
Le roi qui l'a permis, cherche à flatter sa peine ;
Un des siens en ces lieux doit aux pieds de la reine
Amener à l'instant ce lâche meurtrier,
Qu'au sang d'un fils si cher on va sacrifier.
Mérope cependant, dans sa douleur profonde,
Veut de ce lieu funeste écarter tout le monde.

NARBAS, *s'en allant.*

Hélas ! s'il est ainsi, pourquoi me découvrir ?
Au pied de ce tombeau je n'ai plus qu'à mourir.

SCÈNE III.

ISMÉNIE.

Ce vieillard est, sans doute, un citoyen fidèle ;
Il pleure ; il ne craint point de marquer un vrai zèle :
Il pleure ; et tout le reste, esclave des tyrans,
Détourne loin de nous des yeux indifférents.
Quel si grand intérêt prend-il à nos alarmes ?
La tranquille pitié fait verser moins de larmes.
Il montrait pour Égisthe un cœur trop paternel !
Hélas ! courons à lui.... Mais quel objet cruel !

SCÈNE IV.

MÉROPE, ISMÉNIE, EURYCLÈS; ÉGISTHE, *enchaîné;* GARDES, SACRIFICATEURS.

MÉROPE.

Qu'on amène à mes yeux cette horrible victime.
Inventons des tourments qui soient égaux au crime;
Ils ne pourront jamais égaler ma douleur.

ÉGISTHE.

On m'a vendu bien cher un instant de faveur.
Secourez-moi, grands dieux, à l'innocent propices!

EURYCLÈS.

Avant que d'expirer, qu'il nomme ses complices.

MÉROPE, *avançant.*

Oui; sans doute, il le faut. Monstre! qui t'a porté
A ce comble du crime, à tant de cruauté?
Que t'ai-je fait?

ÉGISTHE.

Les dieux, qui vengent le parjure,
Sont témoins si ma bouche a connu l'imposture.
J'avais dit à vos pieds la simple vérité;
J'avais déja fléchi votre cœur irrité;
Vous étendiez sur moi votre main protectrice:
Qui peut avoir sitôt lassé votre justice?
Et quel est donc ce sang qu'a versé mon erreur?
Quel nouvel intérêt vous parle en sa faveur?

MÉROPE.

Quel intérêt? barbare!

ÉGISTHE.

Hélas! sur son visage
J'entrevois de la mort la douloureuse image:

Que j'en suis attendri ! j'aurais voulu cent fois
Racheter de mon sang l'état où je la vois.
MÉROPE.
Le cruel ! à quel point on l'instruisit à feindre !
Il m'arrache la vie, et semble encor me plaindre.
(Elle se jette dans les bras d'Isménie.)
EURYCLÈS.
Madame, vengez-vous, et vengez à la fois
Les lois, et la nature, et le sang de nos rois.
ÉGISTHE.
A la cour de ces rois telle est donc la justice !
On m'accueille, on me flatte ; on résout mon supplice.
Quel destin m'arrachait à mes tristes forêts ?
Vieillard infortuné, quels seront vos regrets ?
Mère trop malheureuse, et dont la voix si chère
M'avait prédit....
MÉROPE.
Barbare ! il te reste une mère.
Je serais mère encor sans toi, sans ta fureur.
Tu m'as ravi mon fils.
ÉGISTHE.
Si tel est mon malheur,
S'il était votre fils, je suis trop condamnable.
Mon cœur est innocent, mais ma main est coupable.
Que je suis malheureux ! Le ciel sait qu'aujourd'hui
J'aurais donné ma vie et pour vous et pour lui.
MÉROPE.
Quoi, traître ! quand ta main lui ravit cette armure....
ÉGISTHE.
Elle est à moi.
MÉROPE.
Comment ? que dis-tu ?

ACTE III, SCÈNE IV.

ÉGISTHE.

Je vous jure,
Par vous, par ce cher fils, par vos divins aïeux,
Que mon père en mes mains mit ce don précieux.

MÉROPE.

Qui ? ton père ? En Élide ? en quel trouble il me jette !
Son nom ? parle : réponds.

ÉGISTHE.

Son nom est Polyclète :
Je vous l'ai déja dit.

MÉROPE.

Tu m'arraches le cœur..
Quelle indigne pitié suspendait ma fureur !
C'en est trop ; secondez la rage qui me guide.
Qu'on traîne à ce tombeau ce monstre, ce perfide.
(levant le poignard.)
Mânes de mon cher fils, mes bras ensanglantés....

NARBAS, *paraissant avec précipitation.*
Qu'allez-vous faire, ô dieux !

MÉROPE.

Qui m'appelle ?

NARBAS.

Arrêtez !
Hélas ! il est perdu, si je nomme sa mère,
S'il est connu.

MÉROPE.

Meurs, traître !

NARBAS.

Arrêtez !

ÉGISTHE, *tournant les yeux vers Narbas.*

O mon père !

MÉROPE.
Son père!

ÉGISTHE, à Narbas.
Hélas! que vois-je? où portez-vous vos pas?
Venez-vous être ici témoin de mon trépas?

NARBAS.
Ah! madame, empêchez qu'on achève le crime.
Euryclès, écoutez, écartez la victime:
Que je vous parle.

EURYCLÈS *emmène Egisthe, et ferme le fond du théâtre.*
O ciel!

MÉROPE, *s'avançant.*
Vous me faites trembler:
J'allais venger mon fils.

NARBAS, *se jetant à genoux.*
Vous alliez l'immoler.
Egisthe....

MÉROPE, *laissant tomber le poignard.*
Eh bien, Egisthe?

NARBAS.
O reine infortunée!
Celui dont votre main tranchait la destinée,
C'est Égisthe....

MÉROPE.
Il vivrait!

NARBAS.
C'est lui, c'est votre fils.

MÉROPE, *tombant dans les bras d'Isménie.*
Je me meurs!

ISMÉNIE.
Dieux puissants!

ACTE III, SCÈNE IV.

NARBAS, à *Isménie.*
                    Rappelez ses esprits.
Hélas! ce juste excès de joie et de tendresse,
Ce trouble si soudain, ce remords qui la presse,
Vont consumer ses jours usés par la douleur.

MÉROPE, *revenant à elle.*

Ah, Narbas, est-ce vous? est-ce un songe trompeur?
Quoi! c'est vous! c'est mon fils! qu'il vienne, qu'il paraisse.

NARBAS.

Redoutez, renfermez cette juste tendresse.
    (*à Isménie.*)
Vous, cachez à jamais ce secret important;
Le salut de la reine et d'Égisthe en dépend.

MÉROPE.

Ah! quel nouveau danger empoisonne ma joie!
Cher Égisthe! quel dieu défend que je te voie?
Ne m'est-il donc rendu que pour mieux m'affliger?

NARBAS.

Ne le connaissant pas, vous alliez l'égorger;
Et, si son arrivée est ici découverte,
En le reconnaissant vous assurez sa perte.
Malgré la voix du sang, feignez, dissimulez:
Le crime est sur le trône; on vous poursuit; tremblez.

SCÈNE V.

MÉROPE, EURYCLÈS, NARBAS, ISMÉNIE.

EURYCLÈS.

Ah! madame, le roi commande qu'on saisisse....

MÉROPE.

Qui?

EURYCLÈS.

Ce jeune étranger qu'on destine au supplice.

MÉROPE, *avec transport.*

Eh bien! cet étranger, c'est mon fils, c'est mon sang.
Narbas, on va plonger le couteau dans son flanc!
Courons tous.

NARBAS.

Demeurez.

MÉROPE.

C'est mon fils qu'on entraîne.
Pourquoi? quelle entreprise exécrable et soudaine!
Pourquoi m'ôter Égisthe?

EURYCLÈS.

Avant de vous venger,
Polyphonte, dit-il, prétend l'interroger.

MÉROPE.

L'interroger? qui? lui? sait-il quelle est sa mère?

EURYCLÈS.

Nul ne soupçonne encor ce terrible mystère.

MÉROPE.

Courons à Polyphonte; implorons son appui.

NARBAS.

N'implorez que les dieux, et ne craignez que lui.

EURYCLÈS.

Si les droits de ce fils font au roi quelque ombrage,
De son salut au moins votre hymen est le gage.
Prêt à s'unir à vous d'un éternel lien,
Votre fils aux autels va devenir le sien.
Et dût sa politique en être encor jalouse,
Il faut qu'il serve Égisthe, alors qu'il vous épouse.

NARBAS.

Il vous épouse! lui! quel coup de foudre! ô ciel!

MÉROPE.

C'est mourir trop long-temps dans ce trouble cruel.
Je vais....

ACTE III, SCÈNE V.

NARBAS.

Vous n'irez point, ô mère déplorable !
Vous n'accomplirez point cet hymen exécrable.

EURYCLÈS.

Narbas, elle est forcée à lui donner la main.
Il peut venger Cresphonte.

NARBAS.

Il en est l'assassin.

MÉROPE.

Lui ? ce traître !

NARBAS.

Oui, lui-même; oui, ses mains sanguinaires
Ont égorgé d'Égisthe et le père et les frères :
Je l'ai vu sur mon roi, j'ai vu porter les coups ;
Je l'ai vu tout couvert du sang de votre époux.

MÉROPE.

Ah dieux !

NARBAS.

J'ai vu ce monstre entouré de victimes ;
Je l'ai vu contre vous accumuler les crimes ;
Il déguisa sa rage à force de forfaits ;
Lui-même aux ennemis il ouvrit ce palais :
Il y porta la flamme ; et parmi le carnage,
Parmi les traits, les feux, le trouble, le pillage,
Teint du sang de vos fils, mais des brigands vainqueur,
Assassin de son prince, il parut son vengeur.
D'ennemis, de mourants, vous étiez entourée ;
Et moi, perçant à peine une foule égarée,
J'emportai votre fils dans mes bras languissants.
Les dieux ont pris pitié de ses jours innocents :
Je l'ai conduit, seize ans, de retraite en retraite ;
J'ai pris pour me cacher le nom de Polyclète ;

Et lorsqu'en arrivant je l'arrache à vos coups,
Polyphonte est son maître, et devient votre époux!
MÉROPE.
Ah! tout mon sang se glace à ce récit horrible.
EURYCLÈS.
On vient : c'est Polyphonte.
MÉROPE.
O dieux! est-il possible?

(à Narbas.)
Va, dérobe surtout ta vue à sa fureur.
NARBAS.
Hélas! si votre fils est cher à votre cœur,
Avec son assassin dissimulez, madame.
EURYCLÈS.
Renfermons ce secret dans le fond de notre ame.
Un seul mot peut le perdre.
MÉROPE, à *Euryclès*.
Ah! cours; et que tes yeux
Veillent sur ce dépôt si cher, si précieux.
EURYCLÈS.
N'en doutez point.
MÉROPE.
Hélas! j'espère en ta prudence :
C'est mon fils, c'est ton roi. Dieux! ce monstre s'avance.

SCÈNE VI.
MÉROPE, POLYPHONTE, EROX, ISMÉNIE, SUITE.

POLYPHONTE.
LE trône vous attend, et les autels sont prêts;
L'hymen qui va nous joindre unit nos intérêts.
Comme roi, comme époux, le devoir me commande

ACTE III, SCÈNE VI.

Que je venge le meurtre, et que je vous défende.
Deux complices déjà, par mon ordre saisis,
Vont payer de leur sang le sang de votre fils.
Mais, malgré tous mes soins, votre lente vengeance
A bien mal secondé ma prompte vigilance.
J'avais à votre bras remis cet assassin;
Vous-même, disiez-vous, deviez percer son sein.

MÉROPE.

Plût aux dieux que mon bras fût le vengeur du crime !

POLYPHONTE.

C'est le devoir des rois, c'est le soin qui m'anime.

MÉROPE.

Vous ?

POLYPHONTE.

Pourquoi donc, madame, avez-vous différé ?
Votre amour pour un fils serait-il altéré ?

MÉROPE.

Puissent ses ennemis périr dans les supplices !
Mais si ce meurtrier, seigneur, a des complices ;
Si je pouvais par lui reconnaître le bras,
Le bras dont mon époux a reçu le trépas....
Ceux dont la race impie a massacré le père
Poursuivront à jamais et le fils et la mère.
Si l'on pouvait....

POLYPHONTE.

C'est là ce que je veux savoir ;
Et déjà le coupable est mis en mon pouvoir.

MÉROPE.

Il est entre vos mains ?

POLYPHONTE.

Oui, madame, et j'espère
Percer en lui parlant ce ténébreux mystère.

6.

MÉROPE.

Ah! barbare!.... A moi seule il faut qu'il soit remis.
Rendez-moi.... Vous savez que vous l'avez promis.
   (à part.)
O mon sang! ô mon fils! quel sort on vous prépare!
   (à Polyphonte.)
Seigneur, ayez pitié....

POLYPHONTE.

                    Quel transport vous égare!
Il mourra.

MÉROPE.

   Lui?

POLYPHONTE.

       Sa mort pourra vous consoler.

MÉROPE.

Ah! je veux à l'instant le voir et lui parler.

POLYPHONTE.

Ce mélange inouï d'horreur et de tendresse,
Ces transports dont votre ame à peine est la maîtresse,
Ces discours commencés, ce visage interdit,
Pourraient de quelque ombrage alarmer mon esprit.
Mais puis-je m'expliquer avec moins de contrainte?
D'un déplaisir nouveau votre ame semble atteinte.
Qu'a donc dit ce vieillard que l'on vient d'amener?
Pourquoi fuit-il mes yeux? que dois-je en soupçonner?
Quel est-il?

MÉROPE.

         Eh! seigneur, à peine sur le trône,
La crainte, le soupçon déja vous environne!

POLYPHONTE.

Partagez donc ce trône : et, sûr de mon bonheur,

ACTE III, SCÈNE VI.

Je verrai les soupçons exilés de mon cœur.
L'autel attend déjà Mérope et Polyphonte.

MÉROPE, *en pleurant.*

Les dieux vous ont donné le trône de Cresphonte;
Il y manquait sa femme, et ce comble d'horreur,
Ce crime épouvantable....

ISMÉNIE.

Eh, madame!

MÉROPE.

Ah! seigneur,
Pardonnez.... Vous voyez une mère éperdue.
Les dieux m'ont tout ravi; les dieux m'ont confondue.
Pardonnez.... De mon fils rendez-moi l'assassin.

POLYPHONTE.

Tout son sang, s'il le faut, va couler sous ma main.
Venez, madame.

MÉROPE.

O dieux! dans l'horreur qui me presse,
Secourez une mère, et cachez sa faiblesse.

FIN DU TROISIÈME ACTE.

ACTE QUATRIÈME.

SCÈNE I.
POLYPHONTE, ÉROX.

POLYPHONTE.

A ses emportements, je croirais qu'à la fin
Elle a de son époux reconnu l'assassin ;
Je croirais que ses yeux ont éclairé l'abîme
Où dans l'impunité s'était caché mon crime.
Son cœur avec effroi se refuse à mes vœux ;
Mais ce n'est pas son cœur, c'est sa main que je veux :
Telle est la loi du peuple ; il le faut satisfaire.
Cet hymen m'asservit et le fils et la mère ;
Et par ce nœud sacré, qui la met dans mes mains,
Je n'en fais qu'une esclave utile à mes desseins.
Qu'elle écoute à son gré son impuissante haine ;
Au char de ma fortune il est temps qu'on l'enchaîne.
Mais vous, au meurtrier vous venez de parler ;
Que pensez-vous de lui ?

ÉROX.

Rien ne peut le troubler.
Simple dans ses discours, mais ferme, invariable,
La mort ne fléchit point cette ame impénétrable.
J'en suis frappé, seigneur, et je n'attendais pas
Un courage aussi grand dans un rang aussi bas.
J'avouerai qu'en secret moi-même je l'admire.

POLYPHONTE.

Quel est-il, en un mot ?

ÉROX.

Ce que j'ose vous dire,
C'est qu'il n'est point, sans doute, un de ces assassins
Disposés en secret pour servir vos desseins.

POLYPHONTE.

Pouvez-vous en parler avec tant d'assurance ?
Leur conducteur n'est plus. Ma juste défiance
A pris soin d'effacer dans son sang dangereux
De ce secret d'état les vestiges honteux :
Mais ce jeune inconnu me tourmente et m'attriste.
Me répondez-vous bien qu'il m'ait défait d'Égisthe ?
Croirai-je que, toujours soigneux de m'obéir,
Le sort jusqu'à ce point m'ait voulu prévenir ?

ÉROX.

Mérope, dans les pleurs mourant désespérée,
Est de votre bonheur une preuve assurée ;
Et tout ce que je vois le confirme en effet.
Plus fort que tous nos soins, le hasard a tout fait.

POLYPHONTE.

Le hasard va souvent plus loin que la prudence ;
Mais j'ai trop d'ennemis, et trop d'expérience,
Pour laisser le hasard arbitre de mon sort.
Quel que soit l'étranger, il faut hâter sa mort.
Sa mort sera le prix de cet hymen auguste ;
Elle affermit mon trône : il suffit, elle est juste.
Le peuple, sous mes lois pour jamais engagé,
Croira son prince mort, et le croira vengé.
Mais répondez : quel est ce vieillard téméraire
Qu'on dérobe à ma vue avec tant de mystère ?
Mérope allait verser le sang de l'assassin :
Ce vieillard, dites-vous, a retenu sa main ;
Que voulait-il ?

ÉROX.

Seigneur, chargé de sa misère,
De ce jeune étranger ce vieillard est le père :
Il venait implorer la grâce de son fils.

POLYPHONTE.

Sa grâce? Devant moi je veux qu'il soit admis.
Ce vieillard me trahit, crois-moi, puisqu'il se cache.
Ce secret m'importune; il faut que je l'arrache.
Le meurtrier, surtout, excite mes soupçons.
Pourquoi, par quel caprice, et par quelles raisons,
La reine, qui tantôt pressait tant son supplice,
N'ose-t-elle achever ce juste sacrifice?
La pitié paraissait adoucir ses fureurs;
Sa joie éclatait même à travers ses douleurs.

ÉROX.

Qu'importe sa pitié, sa joie, et sa vengeance?

POLYPHONTE.

Tout m'importe, et de tout je suis en défiance.
Elle vient : qu'on m'amène ici cet étranger.

SCÈNE II.

POLYPHONTE, ÉROX, ÉGISTHE, EURYCLÈS,
MÉROPE, ISMÉNIE, GARDES.

MÉROPE.

REMPLISSEZ vos serments; songez à me venger :
Qu'à mes mains, à moi seule, on laisse la victime.

POLYPHONTE.

La voici devant vous. Votre intérêt m'anime.
Vengez-vous; baignez-vous au sang du criminel;
Et sur son corps sanglant je vous mène à l'autel.

ACTE IV, SCÈNE II.

MÉROPE.

Ah dieux!

ÉGISTHE, *à Polyphonte.*

Tu vends mon sang à l'hymen de la reine;
Ma vie est peu de chose, et je mourrai sans peine;
Mais je suis malheureux, innocent, étranger;
Si le ciel t'a fait roi, c'est pour me protéger.
J'ai tué justement un injuste adversaire.
Mérope veut ma mort; je l'excuse, elle est mère;
Je bénirai ses coups prêts à tomber sur moi :
Et je n'accuse ici qu'un tyran tel que toi.

POLYPHONTE.

Malheureux! oses-tu, dans ta rage insolente....

MÉROPE.

Eh! seigneur, excusez sa jeunesse imprudente;
Elevé loin des cours et nourri dans les bois,
Il ne sait pas encor ce qu'on doit à des rois.

POLYPHONTE.

Qu'entends-je! quel discours! quelle surprise extrême!
Vous, le justifier!

MÉROPE.

Qui, moi, seigneur?

POLYPHONTE.

Vous-même.
De cet égarement sortirez-vous enfin?
De votre fils, madame, est-ce ici l'assassin?

MÉROPE.

Mon fils, de tant de rois le déplorable reste,
Mon fils, enveloppé dans un piège funeste,
Sous les coups d'un barbare....

ISMÉNIE.

O ciel! que faites-vous?

POLYPHONTE.

Quoi ! vos regards sur lui se tournent sans courroux !
Vous tremblez à sa vue, et vos yeux s'attendrissent ?
Vous voulez me cacher les pleurs qui les remplissent ?

MÉROPE.

Je ne les cache point, ils paraissent assez ;
La cause en est trop juste, et vous la connaissez.

POLYPHONTE.

Pour en tarir la source il est temps qu'il expire.
Qu'on l'immole, soldats.

MÉROPE, *s'avançant.*

    Cruel ! qu'osez-vous dire ?

ÉGISTHE.

Quoi ! de pitié pour moi tous vos sens sont saisis !

POLYPHONTE.

Qu'il meure !

MÉROPE.

 Il est...

POLYPHONTE.

 Frappez.
MÉROPE, *se jetant entre Egisthe et les soldats.*
    Barbare ! il est mon fils.

ÉGISTHE.

Moi ! votre fils ?

MÉROPE, *en l'embrassant.*

   Tu l'es : et ce ciel que j'atteste,
Ce ciel qui t'a formé dans un sein si funeste,
Et qui trop tard, hélas ! a dessillé mes yeux,
Te remet dans mes bras pour nous perdre tous deux.

ÉGISTHE.

Quel miracle, grands dieux, que je ne puis comprendre

ACTE IV, SCÈNE II.

POLYPHONTE.

Une telle imposture a de quoi me surprendre.
Vous, sa mère ? Qui ? vous, qui demandiez sa mort ?

ÉGISTHE.

Ah ! si je meurs son fils, je rends grâce à mon sort.

MÉROPE.

Je suis sa mère. Hélas ! mon amour m'a trahie.
Oui, tu tiens dans tes mains le secret de ma vie ;
Tu tiens le fils des dieux enchaîné devant toi,
L'héritier de Cresphonte, et ton maître, et ton roi.
Tu peux, si tu le veux, m'accuser d'imposture.
Ce n'est pas aux tyrans à sentir la nature ;
Ton cœur, nourri de sang, n'en peut être frappé.
Oui, c'est mon fils, te dis-je, au carnage échappé.

POLYPHONTE.

Que prétendez-vous dire ? et sur quelles alarmes...?

ÉGISTHE.

Va, je me crois son fils ; mes preuves sont ses larmes,
Mes sentiments, mon cœur par la gloire animé,
Mon bras, qui t'eût puni s'il n'était désarmé.

POLYPHONTE.

Ta rage auparavant sera seule punie.
C'est trop.

MÉROPE, *se jetant à ses genoux.*

Commencez donc par m'arracher la vie ;
Ayez pitié des pleurs dont mes yeux sont noyés.
Que vous faut-il de plus ? Mérope est à vos pieds ;
Mérope les embrasse, et craint votre colère.
A cet effort affreux jugez si je suis mère,
Jugez de mes tourments : ma détestable erreur,
Ce matin, de mon fils allait percer le cœur.

Je pleure à vos genoux mon crime involontaire.
Cruel ! vous qui vouliez lui tenir lieu de père,
Qui deviez protéger ses jours infortunés,
Le voilà devant vous, et vous l'assassinez !
Son père est mort, hélas ! par un crime funeste ;
Sauvez le fils : je puis oublier tout le reste ;
Sauvez le sang des dieux et de vos souverains ;
Il est seul, sans défense, il est entre vos mains.
Qu'il vive, et c'est assez. Heureuse en mes misères,
Lui seul il me rendra mon époux et ses frères.
Vous voyez avec moi ses aïeux à genoux,
Votre roi dans les fers.

ÉGISTHE.

O reine, levez-vous,
Et daignez me prouver que Cresphonte est mon père,
En cessant d'avilir et sa veuve et ma mère.
Je sais peu de mes droits quelle est la dignité ;
Mais le ciel m'a fait naître avec trop de fierté,
Avec un cœur trop haut pour qu'un tyran l'abaisse.
De mon premier état j'ai bravé la bassesse,
Et mes yeux du présent ne sont point éblouis.
Je me sens né des rois, je me sens votre fils.
Hercule ainsi que moi commença sa carrière ;
Il sentit l'infortune en ouvrant la paupière ;
Et les dieux l'ont conduit à l'immortalité,
Pour avoir, comme moi, vaincu l'adversité.
S'il m'a transmis son sang, j'en aurai le courage.
Mourir digne de vous, voilà mon héritage.
Cessez de le prier ; cessez de démentir
Le sang des demi-dieux dont on me fait sortir.

POLYPHONTE, à Mérope.

Eh bien ! il faut ici nous expliquer sans feinte.

ACTE IV, SCÈNE II.

Je prends part aux douleurs dont vous êtes atteinte;
Son courage me plaît; je l'estime, et je crois
Qu'il mérite en effet d'être du sang des rois.
Mais une vérité d'une telle importance
N'est pas de ces secrets qu'on croit sans évidence.
Je le prends sous ma garde, il m'est déja remis;
Et, s'il est né de vous, je l'adopte pour fils.

ÉGISTHE.

Vous, m'adopter?

MÉROPE.

Hélas!

POLYPHONTE.

Réglez sa destinée.
Vous achetiez sa mort avec mon hyménée.
La vengeance à ce point a pu vous captiver;
L'amour fera-t-il moins quand il faut le sauver?

MÉROPE.

Quoi, barbare!

POLYPHONTE.

Madame, il y va de sa vie.
Votre ame en sa faveur paraît trop attendrie,
Pour vouloir exposer à mes justes rigueurs,
Par d'imprudents refus, l'objet de tant de pleurs.

MÉROPE.

Seigneur, que de son sort il soit du moins le maître.
Daignez....

POLYPHONTE.

C'est votre fils, madame; ou c'est un traître.
Je dois m'unir à vous pour lui servir d'appui,
Ou je dois me venger et de vous et de lui.
C'est à vous d'ordonner sa grâce ou son supplice.
Vous êtes en un mot sa mère, ou sa complice.

Choisissez; mais sachez qu'au sortir de ces lieux
Je ne vous en croirai qu'en présence des dieux.
Vous, soldats, qu'on le garde; et vous, que l'on me suive.
(à Mérope.)
Je vous attends; voyez si vous voulez qu'il vive;
Déterminez d'un mot mon esprit incertain;
Confirmez sa naissance en me donnant la main.
Votre seule réponse ou le sauve, ou l'opprime.
Voilà mon fils, madame, ou voilà ma victime.
Adieu.

MÉROPE.

Ne m'ôtez pas la douceur de le voir.
Rendez-le à mon amour, à mon vain désespoir.

POLYPHONTE.

Vous le verrez au temple.

ÉGISTHE, *que les soldats emmènent.*

O reine auguste et chère!
O vous que j'ose à peine encor nommer ma mère!
Ne faites rien d'indigne et de vous et de moi :
Si je suis votre fils, je sais mourir en roi.

SCÈNE III.

MÉROPE.

CRUELS, vous l'enlevez; en vain je vous implore :
Je ne l'ai donc revu que pour le perdre encore?
Pourquoi m'exauciez-vous, ô dieu trop imploré?
Pourquoi rendre à mes vœux ce fils tant désiré?
Vous l'avez arraché d'une terre étrangère,
Victime réservée au bourreau de son père.
Ah! privez-moi de lui; cachez ses pas errants
Dans le fond des déserts, à l'abri des tyrans.

SCÈNE IV.

MÉROPE, NARBAS, EURYCLÈS.

MÉROPE.

Sais-tu l'excès d'horreur où je me vois livrée ?

NARBAS.

Je sais que de mon roi la perte est assurée,
Que déja dans les fers Égisthe est retenu,
Qu'on observe mes pas.

MÉROPE.

C'est moi qui l'ai perdu.

NARBAS.

Vous !

MÉROPE.

J'ai tout révélé. Mais, Narbas, quelle mère,
Prête à perdre son fils, peut se voir et se taire ?
J'ai parlé, c'en est fait ; et je dois désormais
Réparer ma faiblesse à force de forfaits.

NARBAS.

Quels forfaits dites-vous ?

SCÈNE V.

MÉROPE, NARBAS, EURYCLÈS, ISMÉNIE.

ISMÉNIE.

Voici l'heure, madame,
Qu'il vous faut rassembler les forces de votre ame.
Un vain peuple, qui vole après la nouveauté,
Attend votre hyménée avec avidité.
Le tyran règle tout ; il semble qu'il apprête
L'appareil du carnage, et non pas d'une fête.

Par l'or de ce tyran le grand-prêtre inspiré
A fait parler le dieu dans son temple adoré.
Au nom de vos aïeux et du dieu qu'il atteste,
Il vient de déclarer cette union funeste.
Polyphonte, dit-il, a reçu vos serments;
Messène en est témoin, les dieux en sont garants.
Le peuple a répondu par des cris d'allégresse;
Et ne soupçonnant pas le chagrin qui vous presse,
Il célèbre à genoux cet hymen plein d'horreur :
Il bénit le tyran qui vous perce le cœur.

MÉROPE.

Et mes malheurs encor font la publique joie?

NARBAS.

Pour sauver votre fils quelle funeste voie!

MÉROPE.

C'est un crime effroyable, et déja tu frémis.

NARBAS.

Mais c'en est un plus grand de perdre votre fils.

MÉROPE.

Eh bien! le désespoir m'a rendu mon courage.
Courons tous vers le temple où m'attend mon outrage.
Montrons mon fils au peuple, et plaçons-le à leurs yeux,
Entre l'autel et moi sous la garde des dieux.
Il est né de leur sang, ils prendront sa défense;
Ils ont assez long-temps trahi son innocence.
De son lâche assassin je peindrai les fureurs :
L'horreur et la vengeance empliront tous les cœurs.
Tyrans, craignez les cris et les pleurs d'une mère.
On vient. Ah! je frissonne. Ah! tout me désespère.
On m'appelle, et mon fils est au bord du cercueil;
Le tyran peut encor l'y plonger d'un coup d'œil.

ACTE IV, SCÈNE V.

(aux sacrificateurs.)

Ministres rigoureux du monstre qui m'opprime,
Vous venez à l'autel entraîner la victime.
O vengeance ! ô tendresse ! ô nature ! ô devoir !
Qu'allez-vous ordonner d'un cœur au désespoir ?

FIN DU QUATRIÈME ACTE.

ACTE CINQUIÈME.

SCÈNE I.
ÉGISTHE, NARBAS, EURYCLÈS.

NARBAS.

Le tyran nous retient au palais de la reine,
Et notre destinée est encore incertaine.
Je tremble pour vous seul. Ah, mon prince! ah! mon fils!
Souffrez qu'un nom si doux me soit encor permis.
Ah! vivez. D'un tyran désarmez la colère,
Conservez une tête, hélas! si nécessaire,
Si long-temps menacée, et qui m'a tant coûté.

EURYCLÈS.

Songez que, pour vous seul abaissant sa fierté,
Mérope de ses pleurs daigne arroser encore
Les parricides mains d'un tyran qu'elle abhorre.

ÉGISTHE.

D'un long étonnement à peine revenu,
Je crois renaître ici dans un monde inconnu.
Un nouveau sang m'anime, un nouveau jour m'éclaire.
Qui, moi, né de Mérope! et Cresphonte est mon père!
Son assassin triomphe; il commande, et je sers!
Je suis le sang d'Hercule; et je suis dans les fers!

NARBAS.

Plût aux dieux qu'avec moi le petit-fils d'Alcide
Fût encore inconnu dans les champs de l'Élide!

ÉGISTHE.

Eh quoi! tous les malheurs aux humains réservés,
Faut-il, si jeune encor, les avoir éprouvés?

Les ravages, l'exil, la mort, l'ignominie,
Dès ma première aurore ont assiégé ma vie.
De déserts en déserts errant, persécuté,
J'ai langui dans l'opprobre et dans l'obscurité.
Le ciel sait cependant si, parmi tant d'injures,
J'ai permis à ma voix d'éclater en murmures.
Malgré l'ambition qui dévorait mon cœur,
J'embrassai les vertus qu'exigeait mon malheur;
Je respectai, j'aimai jusqu'à votre misère;
Je n'aurais point aux dieux demandé d'autre père :
Ils m'en donnent un autre, et c'est pour m'outrager.
Je suis fils de Cresphonte, et ne puis le venger.
Je retrouve une mère, un tyran me l'arrache :
Un détestable hymen à ce monstre l'attache.
Je maudis dans vos bras le jour où je suis né;
Je maudis le secours que vous m'avez donné.
Ah! mon père! ah! pourquoi d'une mère égarée
Reteniez-vous tantôt la main désespérée?
Mes malheurs finissaient; mon sort était rempli.

NARBAS.

Ah! vous êtes perdu : le tyran vient ici.

SCÈNE II.

POLYPHONTE, ÉGISTHE, NARBAS, EURYCLÈS,
GARDES.

POLYPHONTE.
(Narbas et Euryclès s'éloignent un peu.)
Retirez-vous; et toi, dont l'aveugle jeunesse
Inspire une pitié qu'on doit à la faiblesse,
Ton roi veut bien encor, pour la dernière fois,
Permettre à tes destins de changer à ton choix.

Le présent, l'avenir, et jusqu'à ta naissance,
Tout ton être, en un mot, est dans ma dépendance.
Je puis au plus haut rang d'un seul mot t'élever,
Te laisser dans les fers, te perdre ou te sauver.
Élevé loin des cours et sans expérience,
Laisse-moi gouverner ta farouche imprudence.
Crois-moi, n'affecte point, dans ton sort abattu,
Cet orgueil dangereux que tu prends pour vertu.
Si dans un rang obscur le destin t'a fait naître,
Conforme à ton état, sois humble avec ton maître.
Si le hasard heureux t'a fait naître d'un roi,
Rends-toi digne de l'être en servant près de moi.
Une reine en ces lieux te donne un grand exemple;
Elle a suivi mes lois, et marche vers le temple.
Suis ses pas et les miens; viens au pied de l'autel
Me jurer à genoux un hommage éternel.
Puisque tu crains les dieux, atteste leur puissance,
Prends-les tous à témoin de ton obéissance.
La porte des grandeurs est ouverte pour toi;
Un refus te perdra; choisis, et réponds-moi.

ÉGISTHE.

Tu me vois désarmé, comment puis-je répondre?
Tes discours, je l'avoue, ont de quoi me confondre;
Mais rends-moi seulement ce glaive que tu crains,
Ce fer que ta prudence écarte de mes mains :
Je répondrai pour lors, et tu pourras connaître
Qui de nous deux, perfide, est l'esclave ou le maître;
Si c'est à Polyphonte à régler mes destins,
Et si le fils des rois punit les assassins.

POLYPHONTE.

Faible et fier ennemi, ma bonté t'encourage :
Tu me crois assez grand pour oublier l'outrage,

Pour ne m'avilir pas jusqu'à punir en toi
Un esclave inconnu qui s'attaque à son roi.
Eh bien! cette bonté, qui s'indigne et se lasse,
Te donne un seul moment pour obtenir ta grâce.
Je t'attends aux autels, et tu peux y venir :
Viens recevoir la mort, ou jurer d'obéir.
Gardes, auprès de moi vous pourrez l'introduire ;
Qu'aucun autre ne sorte, et n'ose le conduire.
Vous, Narbas, Euryclès, je le laisse en vos mains.
Tremblez ; vous répondrez de ses caprices vains.
Je connais votre haine, et j'en sais l'impuissance ;
Mais je me fie au moins à votre expérience.
Qu'il soit né de Mérope, ou qu'il soit votre fils,
D'un conseil imprudent sa mort sera le prix.

SCÈNE III.

ÉGISTHE, NARBAS, EURYCLÈS.

ÉGISTHE.

Ah! je n'en recevrai que du sang qui m'anime.
Hercule ! instruis mon bras à me venger du crime ;
Éclaire mon esprit, du sein des immortels !
Polyphonte m'appelle au pied de tes autels ;
Et j'y cours.

NARBAS.

Ah! mon prince, êtes-vous las de vivre?

EURYCLÈS.

Dans ce péril du moins si nous pouvions vous suivre !
Mais laissez-nous le temps d'éveiller un parti,
Qui, tout faible qu'il est, n'est point anéanti.
Souffrez....

ÉGISTHE.

En d'autres temps mon courage tranquille
Au frein de vos leçons serait souple et docile ;
Je vous croirais tous deux : mais dans un tel malheur,
Il ne faut consulter que le ciel et son cœur.
Qui ne peut se résoudre, aux conseils s'abandonne ;
Mais le sang des héros ne croit ici personne.
Le sort en est jeté.... Ciel ! qu'est-ce que je voi !
Mérope !

SCÈNE IV.

MÉROPE, ÉGISTHE, NARBAS, EURYCLÈS, suite.

MÉROPE.

LE tyran m'ose envoyer vers toi :
Ne crois pas que je vive après cet hyménée ;
Mais cette honte horrible où je suis entraînée,
Je la subis pour toi, je me fais cet effort :
Fais-toi celui de vivre, et commande à ton sort.
Cher objet des terreurs dont mon ame est atteinte,
Toi pour qui je connais et la honte et la crainte,
Fils des rois et des dieux, mon fils, il faut servir.
Pour savoir se venger il faut savoir souffrir.
Je sens que ma faiblesse et t'indigne et t'outrage ;
Je t'en aime encor plus, et je crains davantage.
Mon fils....

ÉGISTHE,

Osez me suivre.

MÉROPE,

Arrête. Que fais-tu ?
Dieux ! je me plains à vous de son trop de vertu.

ACTE V, SCÈNE IV.

ÉGISTHE.

Voyez-vous en ces lieux le tombeau de mon père?
Entendez-vous sa voix? Êtes-vous reine et mère?
Si vous l'êtes, venez.

MÉROPE.

Il semble que le ciel
T'élève en ce moment au-dessus d'un mortel.
Je respecte mon sang; je vois le sang d'Alcide;
Ah! parle: remplis-moi de ce dieu qui te guide.
Il te presse, il t'inspire. O mon fils! mon cher fils!
Achève, et rends la force à mes faibles esprits.

ÉGISTHE.

Auriez-vous des amis dans ce temple funeste?

MÉROPE.

J'en eus quand j'étais reine, et le peu qui m'en reste
Sous un joug étranger baisse un front abattu;
Le poids de mes malheurs accable leur vertu:
Polyphonte est haï; mais c'est lui qu'on couronne:
On m'aime et l'on me fuit.

ÉGISTHE.

Quoi! tout vous abandonne!
Ce monstre est à l'autel?

MÉROPE.

Il m'attend.

ÉGISTHE.

Ses soldats
A cet autel horrible accompagnent ses pas?

MÉROPE.

Non: la porte est livrée à leur troupe cruelle;
Il est environné de la foule infidèle
Des mêmes courtisans que j'ai vus autrefois
S'empresser à ma suite, et ramper sous mes lois.

Et moi, de tous les siens à l'autel entourée,
De ces lieux à toi seul je puis ouvrir l'entrée.

ÉGISTHE.

Seul, je vous y suivrai; j'y trouverai des dieux
Qui punissent le meurtre, et qui sont mes aïeux.

MÉROPE.

Ils t'ont trahi quinze ans.

ÉGISTHE.

Ils m'éprouvaient, sans doute.

MÉROPE.

Eh ! quel est ton dessein ?

ÉGISTHE.

Marchons, quoi qu'il en coûte.
Adieu, tristes amis ; vous connaîtrez du moins
Que le fils de Mérope a mérité vos soins.
(à Narbas, en l'embrassant.)
Tu ne rougiras point, crois-moi, de ton ouvrage ;
Au sang qui m'a formé tu rendras témoignage.

SCÈNE V.

NARBAS, EURYCLÈS.

NARBAS.

Que va-t-il faire ? Hélas ! tous mes soins sont trahis ;
Les habiles tyrans ne sont jamais punis.
J'espérais que du temps la main tardive et sûre
Justifierait les dieux en vengeant leur injure ;
Qu'Égisthe reprendrait son empire usurpé :
Mais le crime l'emporte, et je meurs détrompé.
Égisthe va se perdre à force de courage :
Il désobéira ; la mort est son partage.

ACTE V, SCÈNE V.

EURYCLÈS.

Entendez-vous ces cris dans les airs élancés ?

NARBAS.

C'est le signal du crime.

EURYCLÈS.
Écoutons.

NARBAS.
Frémissez.

EURYCLÈS.

Sans doute qu'au moment d'épouser Polyphonte
La reine en expirant a prévenu sa honte ;
Tel était son dessein dans son mortel ennui.

NARBAS.

Ah ! son fils n'est donc plus ! Elle eût vécu pour lui.

EURYCLÈS.

Le bruit croît, il redouble, il vient comme un tonnerre
Qui s'approche en grondant, et qui fond sur la terre.

NARBAS.

J'entends de tous côtés les cris des combattants,
Les sons de la trompette, et les voix des mourants ;
Du palais de Mérope on enfonce la porte.

EURYCLÈS.

Ah ! ne voyez-vous pas cette cruelle escorte,
Qui court, qui se dissipe, et qui va loin de nous ?

NARBAS.

Va-t-elle du tyran servir l'affreux courroux ?

EURYCLÈS.

Autant que mes regards au loin peuvent s'étendre,
On se mêle, on combat.

NARBAS.
Quel sang va-t-on répandre ?
De Mérope et du roi le nom remplit les airs.

EURYCLÈS.

Grâces aux immortels! les chemins sont ouverts.
Allons voir à l'instant s'il faut mourir ou vivre.
(il sort.)

NARBAS.

Allons. D'un pas égal que ne puis-je vous suivre!
O dieux! rendez la force à ces bras énervés,
Pour le sang de mes rois autrefois éprouvés;
Que je donne du moins les restes de ma vie.
Hâtons-nous.

SCÈNE VI.

NARBAS, ISMÉNIE, PEUPLE.

NARBAS.

Quel spectacle! Est-ce vous, Isménie?
Sanglante, inanimée, est-ce vous que je vois?

ISMÉNIE.

Ah! laissez-moi reprendre et la vie et la voix.

NARBAS.

Mon fils est-il vivant? Que devient notre reine?

ISMÉNIE.

De mon saisissement je reviens avec peine;
Par les flots de ce peuple entraînée en ces lieux....

NARBAS.

Que fait Égisthe?

ISMÉNIE.

Il est.... le digne fils des dieux;
Égisthe! Il a frappé le coup le plus terrible.
Non, d'Alcide jamais la valeur invincible
N'a d'un exploit si rare étonné les humains.

ACTE V, SCÈNE VI.

NARBAS.
O mon fils! ô mon roi, qu'ont élevé mes mains!
ISMÉNIE.
La victime était prête, et de fleurs couronnée;
L'autel étincelait des flambeaux d'hyménée;
Polyphonte, l'œil fixe, et d'un front inhumain,
Présentait à Mérope une odieuse main;
Le prêtre prononçait les paroles sacrées;
Et la reine, au milieu des femmes éplorées,
S'avançant tristement, tremblante entre mes bras,
Au lieu de l'hyménée invoquait le trépas;
Le peuple observait tout dans un profond silence.
Dans l'enceinte sacrée en ce moment s'avance
Un jeune homme, un héros, semblable aux immortels :
Il court; c'était Égisthe; il s'élance aux autels;
Il monte, il y saisit d'une main assurée
Pour les fêtes des dieux la hache préparée.
Les éclairs sont moins prompts; je l'ai vu de mes yeux,
Je l'ai vu qui frappait ce monstre audacieux.
Meurs, tyran, disait-il; dieux, prenez vos victimes.
Erox, qui de son maître a servi tous les crimes,
Érox, qui dans son sang voit ce monstre nager,
Lève une main hardie, et pense le venger.
Égisthe se retourne, enflammé de furie;
A côté de son maître il le jette sans vie.
Le tyran se relève : il blesse le héros;
De leur sang confondu j'ai vu couler les flots.
Déja la garde accourt avec des cris de rage.
Sa mère.... Ah! que l'amour inspire de courage!
Quel transport animait ses efforts et ses pas!
Sa mère.... Elle s'élance au milieu des soldats.
C'est mon fils, arrêtez, cessez, troupe inhumaine;

8.

C'est mon fils ; déchirez sa mère, et votre reine,
Ce sein qui l'a nourri, ces flancs qui l'ont porté.
A ces cris douloureux le peuple est agité ;
Une foule d'amis, que son danger excite,
Entre elle et ces soldats vole et se précipite.
Vous eussiez vu soudain les autels renversés,
Dans des ruisseaux de sang leurs débris dispersés ;
Les enfants écrasés dans les bras de leurs mères ;
Les frères méconnus immolés par leurs frères ;
Soldats, prêtres, amis, l'un sur l'autre expirants ;
On marche, on est porté sur les corps des mourants ;
On veut fuir, on revient ; et la foule pressée
D'un bout du temple à l'autre est vingt fois repoussée.
De ces flots confondus le flux impétueux
Roule, et dérobe Égisthe et la reine à mes yeux.
Parmi les combattants je vole ensanglantée ;
J'interroge à grands cris la foule épouvantée.
Tout ce qu'on me répond redouble mon horreur.
On s'écrie : Il est mort, il tombe, il est vainqueur.
Je cours, je me consume, et le peuple m'entraîne,
Me jette en ce palais, éplorée, incertaine,
Au milieu des mourants, des morts, et des débris.
Venez, suivez mes pas, joignez-vous à mes cris :
Venez. J'ignore encor si la reine est sauvée,
Si de son digne fils la vie est conservée,
Si le tyran n'est plus. Le trouble, la terreur,
Tout ce désordre horrible est encor dans mon cœur.

NARBAS.

Arbitre des humains, divine providence,
Achève ton ouvrage, et soutiens l'innocence :
A nos malheurs passés mesure tes bienfaits ;
O ciel, conserve Égisthe, et que je meure en paix !
Ah ! parmi ces soldats ne vois-je point la reine ?

SCÈNE VII.

MÉROPE, ISMÉNIE, NARBAS, peuple, soldats.

(On voit dans le fond du théâtre le corps de Polyphonte couvert d'une robe sanglante.)

MÉROPE.

Guerriers, prêtres, amis, citoyens de Messène,
Au nom des dieux vengeurs, peuples, écoutez-moi.
Je vous le jure encore, Égisthe est votre roi :
Il a puni le crime, il a vengé son père.
Celui que vous voyez traîné sur la poussière,
C'est un monstre ennemi des dieux et des humains :
Dans le sein de Cresphonte il enfonça ses mains.
Cresphonte mon époux, mon appui, votre maître,
Mes deux fils sont tombés sous les coups de ce traître.
Il opprimait Messène, il usurpait mon rang ;
Il m'offrait une main fumante de mon sang.

(en courant vers Égisthe, qui arrive la hache à la main.)

Celui que vous voyez, vainqueur de Polyphonte,
C'est le fils de vos rois ; c'est le sang de Cresphonte ;
C'est le mien, c'est le seul qui reste à ma douleur.
Quels témoins voulez-vous plus certains que mon cœur ?
Regardez ce vieillard ; c'est lui dont la prudence
Aux mains de Polyphonte arracha son enfance.
Les dieux ont fait le reste.

NARBAS.
     Oui, j'atteste ces dieux
Que c'est là votre roi qui combattait pour eux.

ÉGISTHE.

Amis, pouvez-vous bien méconnaître une mère?
Un fils qu'elle défend? un fils qui venge un père?
Un roi vengeur du crime?

MÉROPE.

　　　　　　　Et si vous en doutez,
Reconnaissez mon fils aux coups qu'il a portés,
A votre délivrance, à son ame intrépide.
Eh! quel autre jamais qu'un descendant d'Alcide,
Nourri dans la misère, à peine en son printemps,
Eût pu venger Messène et punir les tyrans?
Il soutiendra son peuple, il vengera la terre.
Écoutez : le ciel parle; entendez son tonnerre.
Sa voix qui se déclare et se joint à mes cris,
Sa voix rend témoignage, et dit qu'il est mon fils.

SCÈNE VIII.

MÉROPE, ÉGISTHE, ISMÉNIE, NARBAS,
EURYCLÈS, PEUPLE.

EURYCLÈS.

Ah! montrez-vous, madame, à la ville calmée :
Du retour de son roi la nouvelle semée,
Volant de bouche en bouche, a changé les esprits.
Nos amis ont parlé; les cœurs sont attendris :
Le peuple impatient verse des pleurs de joie;
Il adore le roi que le ciel lui renvoie;
Il bénit votre fils, il bénit votre amour :
Il consacre à jamais ce redoutable jour.
Chacun veut contempler son auguste visage;
On veut revoir Narbas : on veut vous rendre hommage.

Le nom de Polyphonte est partout abhorré ;
Celui de votre fils, le vôtre est adoré.
O roi ! venez jouir du prix de la victoire ;
Ce prix est notre amour, il vaut mieux que la gloire.

ÉGISTHE.

Elle n'est point à moi ; cette gloire est aux dieux :
Ainsi que le bonheur, la vertu nous vient d'eux.
Allons monter au trône, en y plaçant ma mère ;
Et vous, mon cher Narbas, soyez toujours mon père.

FIN DE MÉROPE.

LA MORT DE CÉSAR,

TRAGÉDIE,

Publiée en 1735, et représentée, pour la première fois, le 29 auguste 1743.

PERSONNAGES.

JULES-CÉSAR, dictateur.
MARC-ANTOINE, consul.
JUNIUS-BRUTUS, préteur.
CASSIUS,
CIMBER,
DÉCIME,   } sénateurs.
DOLABELLA,
CASCA,
LES ROMAINS.
LICTEURS.

La scène est à Rome, au Capitole.

LA MORT DE CÉSAR,
TRAGÉDIE.

ACTE PREMIER.

SCÈNE I.
CÉSAR, ANTOINE.

ANTOINE.

César, tu vas régner ; voici le jour auguste
Où le peuple romain, pour toi toujours injuste,
Changé par tes vertus, va reconnaître en toi
Son vainqueur, son appui, son vengeur, et son roi.
Antoine, tu le sais, ne connaît point l'envie :
J'ai chéri plus que toi la gloire de ta vie ;
J'ai préparé la chaîne où tu mets les Romains,
Content d'être sous toi le second des humains ;
Plus fier de t'attacher ce nouveau diadème,
Plus grand de te servir, que de régner moi-même.
Quoi ! tu ne me réponds que par de longs soupirs !
Ta grandeur fait ma joie, et fait tes déplaisirs !
Roi de Rome et du monde, est-ce à toi de te plaindre ?
César peut-il gémir, ou César peut-il craindre ?
Qui peut à ta grande âme inspirer la terreur ?

CÉSAR.

L'amitié, cher Antoine : il faut t'ouvrir mon cœur.
Tu sais que je te quitte, et le destin m'ordonne
De porter nos drapeaux aux champs de Babylone :
Je pars, et vais venger sur le Parthe inhumain
La honte de Crassus et du peuple romain.
L'aigle des légions, que je retiens encore,
Demande à s'envoler vers les mers du Bosphore ;
Et mes braves soldats n'attendent pour signal
Que de revoir mon front ceint du bandeau royal.
Peut-être avec raison César peut entreprendre
D'attaquer un pays qu'a soumis Alexandre ;
Peut-être les Gaulois, Pompée et les Romains,
Valent bien les Persans subjugués par ses mains :
J'ose au moins le penser ; et ton ami se flatte
Que le vainqueur du Rhin peut l'être de l'Euphrate.
Mais cet espoir m'anime et ne m'aveugle pas :
Le sort peut se lasser de marcher sur mes pas ;
La plus haute sagesse en est souvent trompée ;
Il peut quitter César, ayant trahi Pompée ;
Et dans les factions, comme dans les combats,
Du triomphe à la chute il n'est souvent qu'un pas.
J'ai servi, commandé, vaincu quarante années ;
Du monde entre mes mains j'ai vu les destinées,
Et j'ai toujours connu qu'en chaque évènement
Le destin des états dépendait d'un moment.
Quoi qu'il puisse arriver, mon cœur n'a rien à craindre ;
Je vaincrai sans orgueil, ou mourrai sans me plaindre.
Mais j'exige en partant de ta tendre amitié
Qu'Antoine à mes enfants soit pour jamais lié ;
Que Rome par mes mains défendue et conquise,
Que la terre à mes fils, comme à toi, soit soumise ;

ACTE I, SCÈNE I.

Et qu'emportant d'ici le grand titre de roi,
Mon sang et mon ami le prennent après moi.
Je te laisse aujourd'hui ma volonté dernière;
Antoine, à mes enfants il faut servir de père.
Je ne veux point de toi demander des serments,
De la foi des humains sacrés et vains garants;
Ta promesse suffit, et je la crois plus pure
Que les autels des dieux, entourés du parjure.

ANTOINE.

C'est déja pour Antoine une assez dure loi
Que tu cherches la guerre et le trépas sans moi,
Et que ton intérêt m'attache à l'Italie,
Quand la gloire t'appelle aux bornes de l'Asie;
Je m'afflige encor plus de voir que ton grand cœur
Doute de sa fortune, et présage un malheur :
Mais je ne comprends point ta bonté qui m'outrage.
César, que me dis-tu de tes fils, de partage?
Tu n'as de fils qu'Octave, et nulle adoption
N'a d'un autre César appuyé ta maison.

CÉSAR.

Il n'est plus temps, ami, de cacher l'amertume
Dont mon cœur paternel en secret se consume :
Octave n'est mon sang qu'à la faveur des lois;
Je l'ai nommé César, il est fils de mon choix :
Le destin (dois-je dire, ou propice, ou sévère?)
D'un véritable fils en effet m'a fait père;
D'un fils que je chéris, mais qui, pour mon malheur,
A ma tendre amitié répond avec horreur.

ANTOINE.

Et quel est cet enfant? quel ingrat peut-il être
Si peu digne du sang dont les dieux l'ont fait naître?

CÉSAR.

Écoute : tu connais ce malheureux Brutus,
Dont Caton cultiva les farouches vertus;
De nos antiques lois ce défenseur austère;
Ce rigide ennemi du pouvoir arbitraire,
Qui, toujours contre moi les armes à la main,
De tous nos ennemis a suivi le destin,
Qui fut mon prisonnier au champ de Thessalie,
A qui j'ai malgré lui sauvé deux fois la vie,
Né, nourri loin de moi chez mes fiers ennemis....

ANTOINE.

Brutus! il se pourrait....

CÉSAR.

Ne m'en crois pas, tiens, lis.

ANTOINE.

Dieux! la sœur de Caton, la fière Servilie!

CÉSAR.

Par un hymen secret elle me fut unie.
Ce farouche Caton, dans nos premiers débats,
La fit presque à mes yeux passer en d'autres bras :
Mais le jour qui forma ce second hyménée
De son nouvel époux trancha la destinée.
Sous le nom de Brutus mon fils fut élevé :
Pour me haïr, ô ciel! était-il réservé?
Mais lis; tu sauras tout par cet écrit funeste.

ANTOINE *lit*.

« César, je vais mourir. La colère céleste
« Va finir à la fois ma vie et mon amour.
« Souviens-toi qu'à Brutus César donna le jour.
« Adieu : puisse ce fils éprouver pour son père
« L'amitié qu'en mourant te conservait sa mère!

« SERVILIE. »

Quoi ! faut-il que du sort la tyrannique loi,
César, te donne un fils si peu semblable à toi ?

CÉSAR.

Il a d'autres vertus ; son superbe courage
Flatte en secret le mien, même alors qu'il l'outrage ;
Il m'irrite, il me plaît ; son cœur indépendant
Sur mes sens étonnés prend un fier ascendant.
Sa fermeté m'impose, et je l'excuse même
De condamner en moi l'autorité suprême :
Soit qu'étant homme et père, un charme séducteur,
L'excusant à mes yeux, me trompe en sa faveur ;
Soit qu'étant né Romain, la voix de ma patrie
Me parle, malgré moi, contre ma tyrannie,
Et que la liberté, que je viens d'opprimer,
Plus forte encor que moi, me condamne à l'aimer.
Te dirai-je encor plus ? si Brutus me doit l'être,
S'il est fils de César, il doit haïr un maître :
J'ai pensé comme lui dès mes plus jeunes ans ;
J'ai détesté Sylla, j'ai haï les tyrans.
J'eusse été citoyen, si l'orgueilleux Pompée
N'eût voulu m'opprimer sous sa gloire usurpée.
Né fier, ambitieux, mais né pour les vertus,
Si je n'étais César, j'aurais été Brutus.

  Tout homme à son état doit plier son courage.
Brutus tiendra bientôt un différent langage,
Quand il aura connu de quel sang il est né.
Crois-moi, le diadème à son front destiné
Adoucira dans lui sa rudesse importune ;
Il changera de mœurs en changeant de fortune.
La nature, le sang, mes bienfaits, tes avis,
Le devoir, l'intérêt, tout me rendra mon fils.

9.

ANTOINE.

J'en doute. Je connais sa fermeté farouche :
La secte dont il est n'admet rien qui la touche ;
Cette secte intraitable, et qui fait vanité
D'endurcir les esprits contre l'humanité,
Qui dompte et foule aux pieds la nature irritée,
Parle seule à Brutus, et seule est écoutée.
Ces préjugés affreux, qu'ils appellent devoir,
Ont sur ces cœurs de bronze un absolu pouvoir.
Caton même, Caton, ce malheureux stoïque,
Ce héros forcené, la victime d'Utique,
Qui, fuyant un pardon qui l'eût humilié,
Préféra la mort même à ta tendre amitié ;
Caton fut moins altier, moins dur, et moins à craindre
Que l'ingrat qu'à t'aimer ta bonté veut contraindre.

CÉSAR.

Cher ami, de quels coups tu viens de me frapper !
Que m'as-tu dit ?

ANTOINE.

Je t'aime, et ne te puis tromper.

CÉSAR.

Le temps amollit tout.

ANTOINE.

Mon cœur en désespère.

CÉSAR.

Quoi ! sa haine...!

ANTOINE.

Crois-moi.

CÉSAR.

N'importe, je suis père.
J'ai chéri, j'ai sauvé mes plus grands ennemis :
Je veux me faire aimer de Rome et de mon fils ;

Et, conquérant des cœurs vaincus par ma clémence,
Voir la terre et Brutus adorer ma puissance.
C'est à toi de m'aider dans de si grands desseins :
Tu m'as prêté ton bras pour domter les humains,
Domte aujourd'hui Brutus ; adoucis son courage ;
Prépare par degrés cette vertu sauvage
Au secret important qu'il lui faut révéler,
Et dont mon cœur encore hésite à lui parler.

ANTOINE.

Je ferai tout pour toi ; mais j'ai peu d'espérance.

SCÈNE II.

CESAR, ANTOINE, DOLABELLA.

DOLABELLA.

César, les sénateurs attendent audience ;
A ton ordre suprême ils se rendent ici.

CÉSAR.

Ils ont tardé long-temps.... Qu'ils entrent.

ANTOINE.

Les voici.
Que je lis sur leur front de dépit et de haine !

SCÈNE III.

CÉSAR, ANTOINE, BRUTUS, CASSIUS, CIMBER, DÉCIME, CINNA, CASCA, etc. LICTEURS.

CÉSAR, *assis.*

Venez, dignes soutiens de la grandeur romaine,
Compagnons de César. Approchez, Cassius,
Cimber, Cinna, Décime, et toi, mon cher Brutus.
Enfin voici le temps, si le ciel me seconde,
Où je vais achever la conquête du monde,

Et voir dans l'Orient le trône de Cyrus
Satisfaire, en tombant, aux mânes de Crassus.
Il est temps d'ajouter par le droit de la guerre
Ce qui manque aux Romains des trois parts de la terre :
Tout est prêt, tout prévu pour ce vaste dessein ;
L'Euphrate attend César, et je pars dès demain.
Brutus et Cassius me suivront en Asie ;
Antoine retiendra la Gaule et l'Italie ;
De la mer Atlantique, et des bords du Bétis,
Cimber gouvernera les rois assujettis.
Je donne à Marcellus la Grèce et la Lycie,
A Décime le Pont, à Casca la Syrie.
Ayant ainsi réglé le sort des nations,
Et laissant Rome heureuse et sans divisions,
Il ne reste au sénat qu'à juger sous quel titre
De Rome et des humains je dois être l'arbitre.
Sylla fut honoré du nom de dictateur,
Marius fut consul, et Pompée empereur.
J'ai vaincu ce dernier, et c'est assez vous dire
Qu'il faut un nouveau nom pour un nouvel empire,
Un nom plus grand, plus saint, moins sujet aux revers,
Autrefois craint dans Rome, et cher à l'univers.
Un bruit trop confirmé se répand sur la terre
Qu'en vain Rome aux Persans ose faire la guerre ;
Qu'un roi seul peut les vaincre et leur donner la loi :
César va l'entreprendre, et César n'est pas roi ;
Il n'est qu'un citoyen connu par ses services,
Qui peut du peuple encore essuyer les caprices....
Romains, vous m'entendez, vous savez mon espoir ;
Songez à mes bienfaits, songez à mon pouvoir.

CIMBER.

César, il faut parler. Ces sceptres, ces couronnes,

ACTE I, SCÈNE III.

Ce fruit de nos travaux, l'univers que tu donnes,
Seraient aux yeux du peuple, et du sénat jaloux,
Un outrage à l'état, plus qu'un bienfait pour nous.
Marius, ni Sylla, ni Carbon, ni Pompée,
Dans leur autorité sur le peuple usurpée,
N'ont jamais prétendu disposer à leur choix
Des conquêtes de Rome, et nous parler en rois.
César, nous attendions de ta clémence auguste
Un don plus précieux, une faveur plus juste,
Au-dessus des états donnés par ta bonté....

CÉSAR.

Qu'oses-tu demander, Cimber?

CIMBER.
                La liberté.

CASSIUS.

Tu nous l'avais promise, et tu juras toi-même
D'abolir pour jamais l'autorité suprême ;
Et je croyais toucher à ce moment heureux
Où le vainqueur du monde allait combler nos vœux :
Fumante de son sang, captive, désolée,
Rome dans cet espoir renaissait consolée.
Avant que d'être à toi nous sommes ses enfants :
Je songe à ton pouvoir ; mais songe à tes serments.

BRUTUS.

Oui, que César soit grand ; mais que Rome soit libre.
Dieu ! maîtresse de l'Inde, esclave au bord du Tibre !
Qu'importe que son nom commande à l'univers,
Et qu'on l'appelle reine, alors qu'elle est aux fers ?
Qu'importe à ma patrie, aux Romains que tu braves,
D'apprendre que César a de nouveaux esclaves ?
Les Persans ne sont pas nos plus fiers ennemis ;
Il en est de plus grands. Je n'ai point d'autre avis.

CÉSAR.

Et toi, Brutus, aussi !

ANTOINE, *à César.*

Tu connais leur audace ;
Vois si ces cœurs ingrats sont dignes de leur grâce.

CÉSAR.

Ainsi vous voulez donc, dans vos témérités,
Tenter ma patience et lasser mes bontés,
Vous, qui m'appartenez par le droit de l'épée,
Rampants sous Marius, esclaves sous Pompée ;
Vous, qui ne respirez qu'autant que mon courroux,
Retenu trop long-temps, s'est arrêté sur vous :
Républicains ingrats, qu'enhardit ma clémence,
Vous, qui devant Sylla garderiez le silence ;
Vous, que ma bonté seule invite à m'outrager,
Sans craindre que César s'abaisse à se venger.
Voilà ce qui vous donne une ame assez hardie
Pour oser me parler de Rome et de patrie,
Pour affecter ici cette illustre hauteur
Et ces grands sentiments devant votre vainqueur ;
Il les fallait avoir aux plaines de Pharsale.
La fortune entre nous devient trop inégale ;
Si vous n'avez su vaincre, apprenez à servir.

BRUTUS.

César, aucun de nous n'apprendra qu'à mourir.
Nul ne m'en désavoue, et nul, en Thessalie,
N'abaissa son courage à demander la vie.
Tu nous laissas le jour, mais pour nous avilir ;
Et nous le détestons, s'il te faut obéir.
César, qu'à ta colère aucun de nous n'échappe ;
Commence ici par moi : si tu veux régner, frappe.

CÉSAR.

(*Les sénateurs sortent.*)

Ecoute.... et vous, sortez. Brutus m'ose offenser !
Mais sais-tu de quels traits tu viens de me percer ?
Va, César est bien loin d'en vouloir à ta vie :
Laisse là du sénat l'indiscrète furie ;
Demeure, c'est toi seul qui peux me désarmer ;
Demeure, c'est toi seul que César veut aimer.

BRUTUS.

Tout mon sang est à toi, si tu tiens ta promesse ;
Si tu n'es qu'un tyran, j'abhorre ta tendresse ;
Et je ne peux rester avec Antoine et toi,
Puisqu'il n'est plus Romain, et qu'il demande un roi.

SCÈNE IV.

CÉSAR, ANTOINE.

ANTOINE.

Eh bien ! t'ai-je trompé ? Crois-tu que la nature
Puisse amollir une ame et si fière et si dure ?
Laisse, laisse à jamais dans son obscurité
Ce secret malheureux qui pèse à ta bonté.
Que de Rome, s'il veut, il déplore la chute,
Mais qu'il ignore au moins quel sang il persécute.
Il ne mérite pas de te devoir le jour :
Ingrat à tes bontés, ingrat à ton amour,
Renonce-le pour fils.

CÉSAR.

Je ne le puis ; je l'aime.

ANTOINE.

Ah ! cesse donc d'aimer l'éclat du diadème ;

Descends donc de ce rang où je te vois monté :
La bonté convient mal à ton autorité ;
De ta grandeur naissante elle détruit l'ouvrage.
Quoi ! Rome est sous tes lois, et Cassius t'outrage !
Quoi, Cimber, quoi, Cinna, ces obscurs sénateurs,
Aux yeux du roi du monde affectent ces hauteurs !
Ils bravent ta puissance, et ces vaincus respirent !

CÉSAR.

Ils sont nés mes égaux ; mes armes les vainquirent ;
Et, trop au-dessus d'eux, je leur puis pardonner
De frémir sous le joug que je veux leur donner.

ANTOINE.

Marius de leur sang eût été moins avare ;
Sylla les eût punis.

CÉSAR.

Sylla fut un barbare ;
Il n'a su qu'opprimer ; le meurtre et la fureur
Faisaient sa politique ainsi que sa grandeur :
Il a gouverné Rome au milieu des supplices ;
Il en était l'effroi ; j'en serai les délices.
Je sais quel est le peuple ; on le change en un jour ;
Il prodigue aisément sa haine et son amour ;
Si ma grandeur l'aigrit, ma clémence l'attire :
Un pardon politique à qui ne peut me nuire,
Dans mes chaînes qu'il porte un air de liberté,
Ont ramené vers moi sa faible volonté.
Il faut couvrir de fleurs l'abîme où je l'entraîne,
Flatter encor ce tigre à l'instant qu'on l'enchaîne,
Lui plaire en l'accablant, l'asservir, le charmer,
Et punir mes rivaux en me faisant aimer.

ANTOINE.

Il faudrait être craint ; c'est ainsi que l'on règne.

ACTE I, SCÈNE IV.

CÉSAR.
Va, ce n'est qu'aux combats que je veux qu'on me craigne.
ANTOINE.
Le peuple abusera de ta facilité.
CÉSAR.
Le peuple a jusqu'ici consacré ma bonté :
Vois ce temple que Rome élève à la clémence.
ANTOINE.
Crains qu'elle n'en élève un autre à la vengeance ;
Crains des cœurs ulcérés, nourris de désespoir,
Idolâtres de Rome, et cruels par devoir.
Cassius alarmé prévoit qu'en ce jour même
Ma main doit sur ton front mettre le diadème :
Déja même à tes yeux on ose en murmurer.
Des plus impétueux tu devrais t'assurer ;
A prévenir leurs coups daigne au moins te contraindre.
CÉSAR.
Je les aurais punis, si je les pouvais craindre.
Ne me conseille point de me faire haïr.
Je sais combattre, vaincre, et ne sais point punir.
Allons ; et, n'écoutant ni soupçon ni vengeance,
Sur l'univers soumis régnons sans violence.

FIN DU PREMIER ACTE.

ACTE SECOND.

SCÈNE I.
BRUTUS, ANTOINE, DOLABELLA.

ANTOINE.
CE superbe refus, cette animosité,
Marquent moins de vertu que de férocité.
Les bontés de César, et surtout sa puissance,
Méritaient plus d'égards et plus de complaisance :
A lui parler du moins vous pourriez consentir.
Vous ne connaissez pas qui vous osez hair ;
Et vous en frémiriez si vous pouviez apprendre....

BRUTUS.
Ah, je frémis déja ! mais c'est de vous entendre.
Ennemi des Romains, que vous avez vendus,
Pensez-vous ou tromper, ou corrompre Brutus ?
Allez ramper sans moi sous la main qui vous brave :
Je sais tous vos desseins, vous brûlez d'être esclave,
Vous voulez un monarque, et vous êtes Romain !

ANTOINE.
Je suis ami, Brutus, et porte un cœur humain :
Je ne recherche point une vertu plus rare.
Tu veux être un héros, va, tu n'es qu'un barbare ;
Et ton farouche orgueil, que rien ne peut fléchir,
Embrasse la vertu pour la faire haïr.

SCÈNE II.

BRUTUS.

Quelle bassesse, ô ciel! et quelle ignominie!
Voilà donc les soutiens de ma triste patrie!
Voilà vos successeurs, Horace, Décius,
Et toi, vengeur des lois, toi, mon sang, toi, Brutus!
Quels restes, justes dieux! de la grandeur romaine!
Chacun baise en tremblant la main qui nous enchaîne.
César nous a ravi jusques à nos vertus,
Et je cherche ici Rome, et ne la trouve plus.
Vous que j'ai vu périr, vous, immortels courages!
Héros dont en pleurant j'aperçois les images,
Famille de Pompée, et toi, divin Caton,
Toi, dernier des héros du sang de Scipion,
Vous ranimez en moi ces vives étincelles
Des vertus dont brillaient vos ames immortelles.
Vous vivez dans Brutus; vous mettez dans mon sein
Tout l'honneur qu'un tyran ravit au nom romain.
Que vois-je, grand Pompée, au pied de ta statue?
Quel billet sous mon nom se présente à ma vue?
Lisons: *Tu dors, Brutus, et Rome est dans les fers!*
Rome, mes yeux sur toi seront toujours ouverts;
Ne me reproche point des chaînes que j'abhorre.
Mais quel autre billet à mes yeux s'offre encore?
Non, tu n'es pas Brutus! Ah! reproche cruel!
César! tremble, tyran! voilà ton coup mortel.
Non, tu n'es pas Brutus! Je le suis, je veux l'être;
Je périrai, Romains, ou vous serez sans maître;
Je vois que Rome encore a des cœurs vertueux:
On demande un vengeur; on a sur moi les yeux;

On excite cette ame, et cette main trop lente;
On demande du sang.... Rome sera contente.

SCÈNE III.

BRUTUS, CASSIUS, CINNA, CASCA, DÉCIME,
SUITE.

CASSIUS.

Je t'embrasse, Brutus, pour la dernière fois.
Amis, il faut tomber sous les débris des lois.
De César désormais je n'attends plus de grâce :
Il sait mes sentiments, il connaît notre audace.
Notre ame incorruptible étonne ses desseins;
Il va perdre dans nous les derniers des Romains.
C'en est fait, mes amis, il n'est plus de patrie,
Plus d'honneur, plus de lois; Rome est anéantie;
De l'univers et d'elle il triomphe aujourd'hui :
Nos imprudents aïeux n'ont vaincu que pour lui;
Ces dépouilles des rois, ce sceptre de la terre,
Six cents ans de vertus, de travaux et de guerre,
César jouit de tout, et dévore le fruit
Que six siècles de gloire à peine avaient produit.
Ah! Brutus, es-tu né pour servir sous un maître?
La liberté n'est plus.

BRUTUS.
Elle est prête à renaître.

CASSIUS.
Que dis-tu? Mais quel bruit vient frapper mes esprits?

BRUTUS.
Laisse là ce vil peuple et ses indignes cris.

CASSIUS.
La liberté, dis-tu.... Mais, quoi!.... le bruit redouble

SCÈNE IV.

BRUTUS, CASSIUS, CIMBER, DÉCIME.

CASSIUS.

Ah, Cimber! est-ce toi? parle, quel est ce trouble?

DÉCIME.

Trame-t-on contre Rome un nouvel attentat?
Qu'a-t-on fait? qu'as-tu vu?

CIMBER.

La honte de l'état.
César était au temple, et cette fière idole
Semblait être le dieu qui tonne au capitole :
C'est là qu'il annonçait son superbe dessein
D'aller joindre la Perse à l'empire romain;
On lui donnait les noms de foudre de la guerre,
De vengeur des Romains, de vainqueur de la terre :
Mais, parmi tant d'éclat, son orgueil imprudent
Voulait un autre titre, et n'était pas content.
Enfin, parmi ces cris et ces chants d'allégresse,
Du peuple qui l'entoure Antoine fend la presse;
Il entre : ô honte! ô crime indigne d'un Romain!
Il entre, la couronne et le sceptre à la main.
On se tait, on frémit : lui, sans que rien l'étonne,
Sur le front de César attache la couronne,
Et soudain devant lui se mettant à genoux :
César, règne, dit-il, sur la terre et sur nous.
Des Romains à ces mots les visages pâlissent;
De leurs cris douloureux les voûtes retentissent :
J'ai vu des citoyens s'enfuir avec horreur;
D'autres rougir de honte et pleurer de douleur.

César, qui cependant lisait sur leur visage
De l'indignation l'éclatant témoignage,
Feignant des sentiments long-temps étudiés,
Jette et sceptre et couronne, et les foule à ses pieds.
Alors tout se croit libre; alors tout est en proie
Au fol enivrement d'une indiscrète joie :
Antoine est alarmé; César feint et rougit :
Plus il cèle son trouble, et plus on l'applaudit.
La modération sert de voile à son crime;
Il affecte à regret un refus magnanime :
Mais, malgré ses efforts, il frémissait tout bas
Qu'on applaudît en lui les vertus qu'il n'a pas.
Enfin, ne pouvant plus retenir sa colère,
Il sort du capitole avec un front sévère;
Il veut que dans une heure on s'assemble au sénat :
Dans une heure, Brutus, César change l'état.
De ce sénat sacré la moitié corrompue,
Ayant acheté Rome, à César l'a vendue :
Plus lâche que ce peuple à qui, dans son malheur,
Le nom de roi du moins fait toujours quelque horreur.
César, déjà trop roi, veut encor la couronne :
Le peuple la refuse, et le sénat la donne.
Que faut-il faire enfin, héros qui m'écoutez?

CASSIUS.

Mourir, finir des jours dans l'opprobre comptés.
J'ai traîné les liens de mon indigne vie,
Tant qu'un peu d'espérance a flatté ma patrie :
Voici son dernier jour, et du moins Cassius
Ne doit plus respirer lorsque l'état n'est plus.
Pleure qui voudra Rome, et lui reste fidèle;
Je ne peux la venger, mais j'expire avec elle.
Je vais où sont nos dieux.... Pompée et Scipion,

(en regardant leurs statues.)
Il est temps de vous suivre, et d'imiter Caton.

BRUTUS.

Non, n'imitons personne, et servons tous d'exemple :
C'est nous, braves amis, que l'univers contemple ;
C'est à nous de répondre à l'admiration
Que Rome en expirant conserve à notre nom.
Si Caton m'avait cru, plus juste en sa furie,
Sur César expirant il eût perdu la vie ;
Mais il tourna sur soi ses innocentes mains ;
Sa mort fut inutile au bonheur des humains ;
Faisant tout pour la gloire, il ne fit rien pour Rome ;
Et c'est la seule faute où tomba ce grand homme.

CASSIUS.

Que veux-tu donc qu'on fasse en un tel désespoir ?

BRUTUS, *montrant le billet.*

Voilà ce qu'on m'écrit ; voilà notre devoir.

CASSIUS.

On m'en écrit autant : j'ai reçu ce reproche.

BRUTUS.

C'est trop le mériter.

CIMBER.

L'heure fatale approche ;
Dans une heure, un tyran détruit le nom romain.

BRUTUS.

Dans une heure, à César il faut percer le sein.

CASSIUS.

Ah ! je te reconnais à cette noble audace.

DÉCIME.

Ennemi des tyrans, et digne de ta race,
Voilà les sentiments que j'avais dans mon cœur.

CASSIUS.

Tu me rends à moi-même, et je t'en dois l'honneur ;
C'est là ce qu'attendaient ma haine et ma colère
De la mâle vertu qui fait ton caractère :
C'est Rome qui t'inspire en des desseins si grands ;
Ton nom seul est l'arrêt de la mort des tyrans.
Lavons, mon cher Brutus, l'opprobre de la terre ;
Vengeons ce capitole, au défaut du tonnerre.
Toi, Cimber ; toi, Cinna ; vous, Romains indomtés,
Avez-vous une autre ame et d'autres volontés ?

CIMBER.

Nous pensons comme toi, nous méprisons la vie ;
Nous détestons César, nous aimons la patrie ;
Nous la vengerons tous ; Brutus et Cassius
De quiconque est Romain raniment les vertus.

DÉCIME.

Nés juges de l'état, nés les vengeurs du crime,
C'est souffrir trop long-temps la main qui nous opprime :
Et quand sur un tyran nous suspendons nos coups,
Chaque instant qu'il respire est un crime pour nous.

CIMBER.

Admettons-nous quelque autre à ces honneurs suprêmes?

BRUTUS.

Pour venger la patrie, il suffit de nous-mêmes.
Dolabella, Lépide, Émile, Bibulus,
Ou tremblent sous César, ou bien lui sont vendus.
Cicéron, qui d'un traître a puni l'insolence,
Ne sert la liberté que par son éloquence,
Hardi dans le sénat, faible dans le danger,
Fait pour haranguer Rome, et non pour la venger ;
Laissons à l'orateur qui charme sa patrie
Le soin de nous louer quand nous l'aurons servie.

ACTE II, SCÈNE IV.

Non, ce n'est qu'avec vous que je veux partager
Cet immortel honneur et ce pressant danger.
Dans une heure, au sénat le tyran doit se rendre :
Là, je le punirai ; là, je le veux surprendre ;
Là, je veux que ce fer, enfoncé dans son sein,
Venge Caton, Pompée, et le peuple romain.
C'est hasarder beaucoup : ses ardents satellites
Partout du capitole occupent les limites :
Ce peuple mou, volage, et facile à fléchir,
Ne sait s'il doit encor l'aimer ou le haïr.
Notre mort, mes amis, paraît inévitable ;
Mais qu'une telle mort est noble et désirable !
Qu'il est beau de périr dans des desseins si grands,
De voir couler son sang dans le sang des tyrans !
Qu'avec plaisir alors on voit sa dernière heure !
Mourons, braves amis, pourvu que César meure,
Et que la liberté, qu'oppriment ses forfaits,
Renaisse de sa cendre, et revive à jamais.

CASSIUS.

Ne balançons donc plus, courons au capitole :
C'est là qu'il nous opprime, et qu'il faut qu'on l'immole.
Ne craignons rien du peuple, il semble encor douter ;
Mais si l'idole tombe, il va la détester.

BRUTUS.

Jurez donc avec moi, jurez sur cette épée,
Par le sang de Caton, par celui de Pompée,
Par les mânes sacrés de tous ces vrais Romains
Qui dans les champs d'Afrique ont fini leurs destins,
Jurez par tous les dieux vengeurs de la patrie,
Que César sous vos coups va terminer sa vie.

CASSIUS.

Faisons plus, mes amis ; jurons d'exterminer

Quiconque ainsi que lui prétendra gouverner ;
Fussent nos propres fils, nos frères, ou nos pères,
S'ils sont tyrans, Brutus, ils sont nos adversaires :
Un vrai républicain n'a pour père et pour fils
Que la vertu, les dieux, les lois, et son pays.

BRUTUS.

Oui, j'unis pour jamais mon sang avec le vôtre ;
Tous dès ce moment même adoptés l'un par l'autre,
Le salut de l'état nous a rendus parents :
Scellons notre union du sang de nos tyrans.

(Il s'avance vers la statue de Pompée.)
Nous le jurons par vous, héros dont les images
A ce pressant devoir excitent nos courages ;
Nous promettons, Pompée, à tes sacrés genoux,
De faire tout pour Rome, et jamais rien pour nous ;
D'être unis pour l'état, qui dans nous se rassemble,
De vivre, de combattre et de mourir ensemble.
Allons, préparons-nous : c'est trop nous arrêter.

SCÈNE V.

CÉSAR, BRUTUS.

CÉSAR.

DEMEURE. C'est ici que tu dois m'écouter ;
Où vas-tu, malheureux ?

BRUTUS
    Loin de la tyrannie.

CÉSAR.

Licteurs, qu'on le retienne.

BRUTUS.
    Achève, et prends ma vie.

ACTE II, SCÈNE V.

CÉSAR.

Brutus, si ma colère en voulait à tes jours,
Je n'aurais qu'à parler, j'aurais fini leur cours;
Tu l'as trop mérité : ta fière ingratitude
Se fait de m'offenser une farouche étude :
Je te retrouve encore avec ceux des Romains
Dont j'ai plus soupçonné les perfides desseins;
Avec ceux qui tantôt ont osé me déplaire,
Ont blâmé ma conduite, ont bravé ma colère.

BRUTUS.

Ils parlaient en Romains, César, et leurs avis,
Si les dieux t'inspiraient, seraient encor suivis.

CÉSAR.

Je souffre ton audace, et consens à t'entendre;
De mon rang avec toi je me plais à descendre :
Que me reproches-tu?

BRUTUS.

   Le monde ravagé,
Le sang des nations, ton pays saccagé;
Ton pouvoir, tes vertus, qui font tes injustices,
Qui de tes attentats sont en toi les complices;
Ta funeste bonté, qui fait aimer tes fers,
Et qui n'est qu'un appât pour tromper l'univers.

CÉSAR.

Ah! c'est ce qu'il fallait reprocher à Pompée;
Par sa feinte vertu la tienne fut trompée :
Ce citoyen superbe, à Rome plus fatal,
N'a pas même voulu César pour son égal.
Crois-tu, s'il m'eût vaincu, que cette ame hautaine
Eût laissé respirer la liberté romaine?
Sous un joug despotique il t'aurait accablé.
Qu'eût fait Brutus alors?

BRUTUS.

Brutus l'eût immolé.

CÉSAR.

Voilà donc ce qu'enfin ton grand cœur me destine?
Tu ne t'en défends point. Tu vis pour ma ruine,
Brutus!

BRUTUS.

Si tu le crois, préviens donc ma fureur.
Qui peut te retenir?

CÉSAR, *lui présentant la lettre de Servilie.*

La nature, et mon cœur.
Lis, ingrat, lis; connais le sang que tu m'opposes;
Vois qui tu peux haïr; et poursuis, si tu l'oses.

BRUTUS.

Où suis-je? Qu'ai-je lu? me trompez-vous, mes yeux?

CÉSAR.

Eh bien, Brutus, mon fils!

BRUTUS.

Lui, mon père! grands dieux!

CÉSAR.

Oui, je le suis, ingrat! Quel silence farouche!
Que dis-je? quels sanglots échappent de ta bouche?
Mon fils.... Quoi, je te tiens muet entre mes bras!
La nature t'étonne, et ne t'attendrit pas!

BRUTUS.

O sort épouvantable, et qui me désespère!
O serments! ô patrie! ô Rome toujours chère!
César!... Ah, malheureux! j'ai trop long-temps vécu.

CÉSAR.

Parle. Quoi! d'un remords ton cœur est combattu!
Ne me déguise rien. Tu gardes le silence!
Tu crains d'être mon fils; ce nom sacré t'offense:

ACTE II, SCÈNE V.

Tu crains de me chérir, de partager mon rang ;
C'est un malheur pour toi d'être né de mon sang !
Ah ! ce sceptre du monde, et ce pouvoir suprême,
Ce César, que tu hais, les voulait pour toi-même ;
Je voulais partager avec Octave et toi
Le prix de cent combats, et ce titre de roi.

BRUTUS.

Ah, dieux !

CÉSAR.

Tu veux parler, et te retiens à peine !
Ces transports sont-ils donc de tendresse ou de haine ?
Quel est donc le secret qui semble t'accabler ?

BRUTUS.

César....

CÉSAR.

Eh bien ! mon fils ?

BRUTUS.

Je ne puis lui parler.

CÉSAR.

Tu n'oses me nommer du tendre nom de père ?

BRUTUS.

Si tu l'es, je te fais une unique prière.

CÉSAR.

Parle : en te l'accordant je croirai tout gagner.

BRUTUS.

Fais-moi mourir sur l'heure, ou cesse de régner.

CÉSAR.

Ah ! barbare ennemi, tigre que je caresse !
Ah ! cœur dénaturé qu'endurcit ma tendresse !
Va, tu n'es plus mon fils ; va, cruel citoyen,
Mon cœur désespéré prend l'exemple du tien :

Ce cœur, à qui tu fais cette effroyable injure,
Saura bien comme toi vaincre enfin la nature.
Va, César n'est pas fait pour te prier en vain ;
J'apprendrai de Brutus à cesser d'être humain :
Je ne te connais plus. Libre dans ma puissance,
Je n'écouterai plus une injuste clémence.
Tranquille, à mon courroux je vais m'abandonner.
Mon cœur trop indulgent est las de pardonner.
J'imiterai Sylla, mais dans ses violences :
Vous tremblerez, ingrats, au bruit de mes vengeances.
Va, cruel, va trouver tes indignes amis :
Tous m'ont osé déplaire, ils seront tous punis.
On sait ce que je puis, on verra ce que j'ose :
Je deviendrai barbare ; et toi seul en es cause.

BRUTUS.

Ah ! ne le quittons point dans ses cruels desseins :
Et sauvons, s'il se peut, César et les Romains.

FIN DU SECOND ACTE.

ACTE TROISIÈME.

SCÈNE I.
CASSIUS, CIMBER, DÉCIME, CINNA, CASCA,
LES CONJURÉS.

CASSIUS.

Enfin donc l'heure approche où Rome va renaître;
La maîtresse du monde est aujourd'hui sans maître :
L'honneur en est à vous, Cimber, Casca, Probus,
Décime. Encore une heure, et le tyran n'est plus.
Ce que n'ont pu Caton, et Pompée, et l'Asie,
Nous seuls l'exécutons; nous vengeons la patrie :
Et je veux qu'en ce jour on dise à l'univers :
Mortels, respectez Rome, elle n'est plus aux fers.

CIMBER.
Tu vois tous nos amis; ils sont prêts à te suivre,
A frapper, à mourir, à vivre s'il faut vivre;
A servir le sénat, dans l'un ou l'autre sort,
En donnant à César, ou recevant la mort.

DÉCIME.
Mais d'où vient que Brutus ne paraît point encore?
Lui, ce fier ennemi du tyran qu'il abhorre;
Lui, qui prit nos serments, qui nous rassembla tous;
Lui, qui doit sur César porter les premiers coups?
Le gendre de Caton tarde bien à paraître :
Serait-il arrêté? César peut-il connaître....?
Mais le voici. Grands dieux! qu'il paraît abattu!

SCÈNE II.

CASSIUS, BRUTUS, CIMBER, CASCA, DÉCIME, LES CONJURÉS.

CASSIUS.

Brutus, quelle infortune accable ta vertu ?
Le tyran sait-il tout ? Rome est-elle trahie ?

BRUTUS.

Non, César ne sait point qu'on va trancher sa vie ;
Il se confie à vous.

DÉCIME.

Qui peut donc te troubler ?

BRUTUS.

Un malheur, un secret, qui vous fera trembler.

CASSIUS.

De nous ou du tyran c'est la mort qui s'apprête :
Nous pouvons tous périr ; mais trembler, nous !

BRUTUS.

Arrête :
Je vais t'épouvanter par ce secret affreux.
Je dois sa mort à Rome, à vous, à nos neveux,
Au bonheur des mortels ; et j'avais choisi l'heure,
Le lieu, le bras, l'instant où Rome veut qu'il meure ;
L'honneur du premier coup à mes mains est remis ;
Tout est prêt : apprenez que Brutus est son fils.

CIMBER.

Toi, son fils !

CASSIUS.

De César !

DÉCIME.

O Rome !

BRUTUS.

Servilie.
Par un hymen secret, à César fut unie;
Je suis de cet hymen le fruit infortuné.

CIMBER.

Brutus, fils d'un tyran !

CASSIUS.

Non, tu n'en es pas né;
Ton cœur est trop romain.

BRUTUS.

Ma honte est véritable.
Vous, amis, qui voyez le destin qui m'accable,
Soyez par mes serments les maîtres de mon sort.
Est-il quelqu'un de vous d'un esprit assez fort,
Assez stoïque, assez au-dessus du vulgaire,
Pour oser décider ce que Brutus doit faire?
Je m'en remets à vous. Quoi! vous baissez les yeux!
Toi, Cassius, aussi, tu te tais avec eux!
Aucun ne me soutient au bord de cet abîme!
Aucun ne m'encourage ou ne m'arrache au crime!
Tu frémis, Cassius! et prompt à t'étonner.....

CASSIUS.

Je frémis du conseil que je vais te donner.

BRUTUS.

Parle.

CASSIUS.

Si tu n'étais qu'un citoyen vulgaire,
Je te dirais : Va, sers, sois tyran sous ton père;
Écrase cet état que tu dois soutenir;
Rome aura désormais deux traîtres à punir :
Mais je parle à Brutus, à ce puissant génie,
A ce héros armé contre la tyrannie,

11.

Dont le cœur inflexible, au bien déterminé,
Épura tout le sang que César t'a donné.
Écoute : tu connais avec quelle furie
Jadis Catilina menaça sa patrie?

BRUTUS.

Oui.

CASSIUS.

Si le même jour que ce grand criminel
Dut à la liberté porter le coup mortel,
Si, lorsque le sénat eut condamné ce traître,
Catilina pour fils t'eût voulu reconnaître,
Entre ce monstre et nous forcé de décider,
Parle, qu'aurais-tu fait?

BRUTUS.

Peux-tu le demander?
Penses-tu qu'un instant ma vertu démentie
Eût mis dans la balance un homme et la patrie?

CASSIUS.

Brutus, par ce seul mot ton devoir est dicté.
C'est l'arrêt du sénat, Rome est en sûreté.
Mais, dis, sens-tu ce trouble et ce secret murmure
Qu'un préjugé vulgaire impute à la nature?
Un seul mot de César a-t-il éteint dans toi
L'amour de ton pays, ton devoir, et ta foi?
En disant ce secret ou faux ou véritable,
Et t'avouant pour fils, en est-il moins coupable?
En es-tu moins Brutus? en es-tu moins Romain?
Nous dois-tu moins ta vie, et ton cœur, et ta main?
Toi, son fils! Rome enfin n'est-elle plus ta mère?
Chacun des conjurés n'est-il donc plus ton frère?
Né dans nos murs sacrés, nourri par Scipion,
Élève de Pompée, adopté par Caton,

Ami de Cassius, que veux-tu davantage ?
Ces titres sont sacrés ; tout autre les outrage.
Qu'importe qu'un tyran, esclave de l'amour,
Ait séduit Servilie, et t'ait donné le jour ?
Laisse là les erreurs et l'hymen de ta mère,
Caton forma tes mœurs, Caton seul est ton père ;
Tu lui dois ta vertu, ton ame est toute à lui :
Brise l'indigne nœud que l'on t'offre aujourd'hui ;
Qu'à nos serments communs ta fermeté réponde ;
Et tu n'as de parents que les vengeurs du monde.

BRUTUS.

Et vous, braves amis, parlez, que pensez-vous ?

CIMBER.

Jugez de nous par lui, jugez de lui par nous.
D'un autre sentiment si nous étions capables,
Rome n'aurait point eu des enfants plus coupable.
Mais à d'autres qu'à toi pourquoi t'en rapporter ?
C'est ton cœur, c'est Brutus qu'il te faut consulter.

BRUTUS.

Eh bien ! à vos regards mon ame est dévoilée ;
Lisez-y les horreurs dont elle est accablée.
Je ne vous cèle rien, ce cœur s'est ébranlé ;
De mes stoïques yeux des larmes ont coulé.
Après l'affreux serment que vous m'avez vu faire,
Prêt à servir l'état, mais à tuer mon père ;
Pleurant d'être son fils, honteux de ses bienfaits ;
Admirant ses vertus, condamnant ses forfaits ;
Voyant en lui mon père, un coupable, un grand homme ;
Entraîné par César, et retenu par Rome,
D'horreur et de pitié mes esprits déchirés
Ont souhaité la mort que vous lui préparez.
Je vous dirai bien plus ; sachez que je l'estime :

Son grand cœur me séduit au sein même du crime ;
Et, si sur les Romains quelqu'un pouvait régner,
Il est le seul tyran que l'on dût épargner.
Ne vous alarmez point ; ce nom que je déteste,
Ce nom seul de tyran l'emporte sur le reste.
Le sénat, Rome, et vous, vous avez tous ma foi :
Le bien du monde entier me parle contre un roi.
J'embrasse avec horreur une vertu cruelle ;
J'en frissonne à vos yeux, mais je vous suis fidèle.
César me va parler ; que ne puis-je aujourd'hui
L'attendrir, le changer, sauver l'état et lui !
Veuillent les immortels, s'expliquant par ma bouche,
Prêter à mon organe un pouvoir qui le touche !
Mais si je n'obtiens rien de cet ambitieux,
Levez le bras, frappez, je détourne les yeux.
Je ne trahirai point mon pays pour mon père :
Que l'on approuve ou non ma fermeté sévère,
Qu'à l'univers surpris cette grande action
Soit un objet d'horreur ou d'admiration ;
Mon esprit, peu jaloux de vivre en la mémoire,
Ne considère point le reproche ou la gloire ;
Toujours indépendant, et toujours citoyen,
Mon devoir me suffit ; tout le reste n'est rien.
Allez ; ne songez plus qu'à sortir d'esclavage.

CASSIUS.

Du salut de l'état ta parole est le gage.
Nous comptons tous sur toi, comme si dans ces lieux
Nous entendions Caton, Rome même, et nos dieux.

SCÈNE III.
BRUTUS.

Voici donc le moment où César va m'entendre ;
Voici ce capitole où la mort va l'attendre.
Épargnez-moi, grands dieux, l'horreur de le haïr !
Dieux, arrêtez ces bras levés pour le punir !
Rendez, s'il se peut, Rome à son grand cœur plus chère,
Et faites qu'il soit juste, afin qu'il soit mon père !
Le voici. Je demeure immobile, éperdu.
O mânes de Caton, soutenez ma vertu !

SCÈNE IV.
CÉSAR, BRUTUS.

CÉSAR.

Eh bien ! que veux-tu ? parle. As-tu le cœur d'un homme ?
Es-tu fils de César ?

BRUTUS.
    Oui, si tu l'es de Rome.

CÉSAR.

Républicain farouche, où vas-tu t'emporter ?
N'as-tu voulu me voir que pour mieux m'insulter ?
Quoi ! tandis que sur toi mes faveurs se répandent,
Que du monde soumis les hommages t'attendent,
L'empire, mes bontés, rien ne fléchit ton cœur !
De quel œil vois-tu donc le sceptre ?

BRUTUS.
      Avec horreur.

CÉSAR.

Je plains tes préjugés, je les excuse même.
Mais peux-tu me haïr ?

BRUTUS.

Non, César; et je t'aime.
Mon cœur par tes exploits fut pour toi prévenu
Avant que pour ton sang tu m'eusses reconnu.
Je me suis plaint aux dieux de voir qu'un si grand homme
Fût à la fois la gloire et le fléau de Rome.
Je déteste César avec le nom de roi ;
Mais César citoyen serait un dieu pour moi ;
Je lui sacrifierais ma fortune et ma vie.

CÉSAR.

Que peux-tu donc haïr en moi ?

BRUTUS.

La tyrannie.
Daigne écouter les vœux, les larmes, les avis
De tous les vrais Romains, du sénat, de ton fils.
Veux-tu vivre en effet le premier de la terre,
Jouir d'un droit plus saint que celui de la guerre,
Être encor plus que roi, plus même que César ?

CÉSAR.

Eh bien ?

BRUTUS.

Tu vois la terre enchaînée à ton char ;
Romps nos fers, sois Romain, renonce au diadème.

CÉSAR.

Ah ! que proposes-tu ?

BRUTUS.

Ce qu'a fait Sylla même.
Long-temps dans notre sang Sylla s'était noyé :
Il rendit Rome libre, et tout fut oublié.
Cet assassin illustre entouré de victimes,
En descendant du trône, effaça tous ses crimes.

ACTE III, SCÈNE IV.

Tu n'eus point ses fureurs, ose avoir ses vertus.
Ton cœur sut pardonner; César, fais encor plus.
Que servent désormais les grâces que tu donnes?
C'est à Rome, à l'état, qu'il faut que tu pardonnes :
Alors plus qu'à ton rang nos cœurs te sont soumis;
Alors tu sais régner; alors je suis ton fils.
Quoi! je te parle en vain?

CÉSAR.

Rome demande un maître;
Un jour à tes dépens tu l'apprendras peut-être.
Tu vois nos citoyens plus puissants que des rois :
Nos mœurs changent, Brutus; il faut changer nos lois.
La liberté n'est plus que le droit de se nuire :
Rome, qui détruit tout, semble enfin se détruire;
Ce colosse effrayant, dont le monde est foulé,
En pressant l'univers est lui-même ébranlé;
Il penche vers sa chute, et contre la tempête
Il demande mon bras pour soutenir sa tête :
Enfin, depuis Sylla, nos antiques vertus,
Les lois, Rome, l'état, sont des noms superflus.
Dans nos temps corrompus, pleins de guerres civiles,
Tu parles comme au temps des Dèces, des Émiles.
Caton t'a trop séduit, mon cher fils; je prévoi
Que ta triste vertu perdra l'état et toi.
Fais céder, si tu peux, ta raison détrompée
Au vainqueur de Caton, au vainqueur de Pompée,
A ton père qui t'aime, et qui plaint ton erreur :
Sois mon fils en effet, Brutus; rends-moi ton cœur;
Prends d'autres sentiments, ma bonté t'en conjure;
Ne force point ton ame à vaincre la nature.
Tu ne me réponds rien; tu détournes les yeux.

BRUTUS.

Je ne me connais plus. Tonnez sur moi, grands dieux!
César....

CÉSAR.

Quoi! tu t'émeus? ton ame est amollie?
Ah! mon fils....!

BRUTUS.

Sais-tu bien qu'il y va de ta vie?
Sais-tu que le sénat n'a point de vrai Romain
Qui n'aspire en secret à te percer le sein?
Que le salut de Rome, et que le tien te touche!
Ton génie alarmé te parle par ma bouche:
Il me pousse, il me presse, il me jette à tes pieds.

(Il se jette à ses genoux.)

César, au nom des dieux, dans ton cœur oubliés,
Au nom de tes vertus, de Rome, et de toi-même,
Dirai-je au nom d'un fils qui frémit et qui t'aime,
Qui te préfère au monde, et Rome seule à toi,
Ne me rebute pas!

CÉSAR.

Malheureux, laisse-moi:
Que me veux-tu?

BRUTUS.

Crois-moi, ne sois point insensible.

CÉSAR.

L'univers peut changer; mon ame est inflexible.

BRUTUS.

Voilà donc ta réponse?

CÉSAR.

Oui, tout est résolu.
Rome doit obéir, quand César a voulu.

BRUTUS, *d'un air consterné.*

Adieu, César.

CÉSAR.

Eh quoi! d'où viennent tes alarmes?
Demeure encor, mon fils. Quoi, tu verses des larmes!
Quoi! Brutus peut pleurer! Est-ce d'avoir un roi?
Pleures-tu les Romains?

BRUTUS.

Je ne pleure que toi.
Adieu, te dis-je.

CÉSAR.

O Rome! ô rigueur héroïque!
Que ne puis-je à ce point aimer ma république!

SCÈNE V.

CÉSAR, DOLABELLA, ROMAINS.

DOLABELLA.

Le sénat par ton ordre au temple est arrivé;
On n'attend plus que toi, le trône est élevé;
Tous ceux qui t'ont vendu leur vie et leurs suffrages
Vont prodiguer l'encens au pied de tes images:
J'amène devant toi la foule des Romains;
Le sénat va fixer leurs esprits incertains:
Mais si César croyait un citoyen qui l'aime,
Nos présages affreux, nos devins, nos dieux même,
César différerait ce grand évènement.

CÉSAR.

Quoi! lorsqu'il faut régner, différer d'un moment!
Qui pourrait m'arrêter, moi?

DOLABELLA.
   Toute la nature
Conspire à t'avertir par un sinistre augure :
Le ciel qui fait les rois redoute ton trépas.

CÉSAR.

Va, César n'est qu'un homme; et je ne pense pas
Que le ciel de mon sort à ce point s'inquiète,
Qu'il anime pour moi la nature muette,
Et que les éléments paraissent confondus
Pour qu'un mortel ici respire un jour de plus.
Les dieux du haut du ciel ont compté nos années;
Suivons sans reculer nos hautes destinées.
César n'a rien à craindre.

DOLABELLA.
   Il a des ennemis
Qui sous un joug nouveau sont à peine asservis :
Qui sait s'ils n'auraient point conspiré leur vengeance ?

CÉSAR.

Ils n'oseraient.

DOLABELLA.
   Ton cœur a trop de confiance.

CÉSAR.

Tant de précautions contre mon jour fatal
Me rendraient méprisable, et me défendraient mal.

DOLABELLA.

Pour le salut de Rome il faut que César vive :
Dans le sénat au moins permets que je te suive.

CÉSAR.

Non : pourquoi changer l'ordre entre nous concerté?
N'avançons point, ami, le moment arrêté;
Qui change ses desseins découvre sa faiblesse.

ACTE III, SCÈNE V.

DOLABELLA.

Je te quitte à regret. Je crains, je le confesse ;
Ce nouveau mouvement dans mon cœur est trop fort.

CÉSAR.

Va, j'aime mieux mourir que de craindre la mort.
Allons.

SCÈNE VI.

DOLABELLA, ROMAINS.

Chers citoyens, quel héros, quel courage
De la terre et de vous méritait mieux l'hommage ?
Joignez vos vœux aux miens, peuples, qui l'admirez ;
Confirmez les honneurs qui lui sont préparés ;
Vivez pour le servir, mourez pour le défendre....
Quelles clameurs, ô ciel ! quels cris se font entendre !

LES CONJURÉS, *derrière le théâtre.*

Meurs, expire, tyran. Courage, Cassius.

DOLABELLA.

Ah ! courons le sauver.

SCÈNE VII.

CASSIUS, *un poignard à la main* ; **DOLABELLA, ROMAINS.**

CASSIUS.

C'en est fait, il n'est plus.

DOLABELLA.

Peuples, secondez-moi, frappons, perçons ce traître.

CASSIUS.

Peuples, imitez-moi ; vous n'avez plus de maître :

Nation de héros, vainqueurs de l'univers :
Vive la liberté ! ma main brise vos fers.
DOLABELLA.
Vous trahissez, Romains, le sang de ce grand homme?
CASSIUS.
J'ai tué mon ami pour le salut de Rome :
Il vous asservit tous ; son sang est répandu.
Est-il quelqu'un de vous de si peu de vertu,
D'un esprit si rampant, d'un si faible courage,
Qu'il puisse regretter César et l'esclavage ?
Quel est ce vil Romain qui veut avoir un roi ?
S'il en est un, qu'il parle, et qu'il se plaigne à moi :
Mais vous m'applaudissez, vous aimez tous la gloire.
ROMAINS.
César fut un tyran, périsse sa mémoire !
CASSIUS.
Maîtres du monde entier, de Rome heureux enfants,
Conservez à jamais ces nobles sentiments.
Je sais que devant vous Antoine va paraître :
Amis, souvenez-vous que César fut son maître ;
Qu'il a servi sous lui, dès ses plus jeunes ans,
Dans l'école du crime, et dans l'art des tyrans.
Il vient justifier son maître et son empire ;
Il vous méprise assez pour penser vous séduire :
Sans doute il peut ici faire entendre sa voix ;
Telle est la loi de Rome, et j'obéis aux lois.
Le peuple est désormais leur organe suprême,
Le juge de César, d'Antoine, de moi-même.
Vous rentrez dans vos droits indignement perdus ;
César vous les ravit, je vous les ai rendus ;
Je les veux affermir. Je rentre au capitole ;
Brutus est au sénat, il m'attend, et j'y vole.

ACTE III, SCÈNE VII.

Je vais avec Brutus, en ces murs désolés,
Rappeler la justice, et nos dieux exilés,
Étouffer des méchants les fureurs intestines,
Et de la liberté réparer les ruines.
Vous, Romains, seulement consentez d'être heureux ;
Ne vous trahissez pas, c'est tout ce que je veux ;
Redoutez tout d'Antoine, et surtout l'artifice.

ROMAINS.

S'il vous ose accuser, que lui-même il périsse.

CASSIUS.

Souvenez-vous, Romains, de ces serments sacrés.

ROMAINS.

Aux vengeurs de l'état nos cœurs sont assurés.

SCÈNE VIII.

ANTOINE, ROMAINS, DOLABEL

UN ROMAIN.

MAIS Antoine paraît.

AUTRE ROMAIN.

Qu'osera-t-il nous dire ?

UN ROMAIN.

Ses yeux versent des pleurs ; il se trouble, il soupire.

UN AUTRE.

Il aimait trop César.

ANTOINE, *montant à la tribune aux harangues.*

Oui, je l'aimais, Romains ;
Oui, j'aurais de mes jours prolongé ses destins :
Hélas ! vous avez tous pensé comme moi-même ;
Et lorsque, de son front ôtant le diadème,
Ce héros à vos lois s'immolait aujourd'hui,
Qui de vous en effet n'eût expiré pour lui ?

Hélas! je ne viens point célébrer sa mémoire :
La voix du monde entier parle assez de sa gloire :
Mais de mon désespoir ayez quelque pitié,
Et pardonnez du moins des pleurs à l'amitié.

UN ROMAIN.

Il les fallait verser quand Rome avait un maître.
César fut un héros ; mais César fut un traître.

AUTRE ROMAIN.

Puisqu'il était tyran, il n'eut point de vertus.

UN TROISIÈME.

Oui, nous approuvons tous Cassius et Brutus.

ANTOINE.

Contre ses meurtriers je n'ai rien à vous dire ;
C'est à servir l'état que leur grand cœur aspire.
De votre dictateur ils ont percé le flanc ;
Comblés de ses bienfaits, ils sont teints de son sang.
Pour forcer des Romains à ce coup détestable,
Sans doute il fallait bien que César fût coupable,
Je le crois : mais enfin César a-t-il jamais
De son pouvoir sur vous appesanti le faix ?
A-t-il gardé pour lui le fruit de ses conquêtes ?
Des dépouilles du monde il couronnait vos têtes ;
Tout l'or des nations qui tombaient sous ses coups,
Tout le prix de son sang fut prodigué pour vous :
De son char de triomphe il voyait vos alarmes ;
César en descendait pour essuyer vos larmes :
Du monde qu'il soumit vous triompliez en paix,
Puissants par son courage, heureux par ses bienfaits ;
Il payait le service ; il pardonnait l'outrage.
Vous le savez, grands dieux! vous, dont il fut l'image ;
Vous, dieux ! qui lui laissiez le monde à gouverner ;
Vous savez si son cœur aimait à pardonner !

ACTE III, SCÈNE VIII.

ROMAINS.

Il est vrai que César fit aimer sa clémence.

ANTOINE.

Hélas ! si sa grande ame eût connu la vengeance,
Il vivrait, et sa vie eût rempli nos souhaits.
Sur tous ses meurtriers il versa ses bienfaits ;
Deux fois à Cassius il conserva la vie.
Brutus.... où suis-je ? ô ciel ! ô crime ! ô barbarie !
Chers amis, je succombe, et mes sens interdits....
Brutus son assassin !... ce monstre était son fils.

ROMAINS.

Ah dieux !

ANTOINE.

Je vois frémir vos généreux courages ;
Amis, je vois les pleurs qui mouillent vos visages.
Oui, Brutus est son fils : mais vous qui m'écoutez,
Vous étiez ses enfants dans son cœur adoptés.
Hélas ! si vous saviez sa volonté dernière !

ROMAINS.

Quelle est-elle ? parlez.

ANTOINE.

Rome est son héritière :
Ses trésors sont vos biens ; vous en allez jouir :
Au-delà du tombeau César veut vous servir ;
C'est vous seuls qu'il aimait ; c'est pour vous qu'en Asie
Il allait prodiguer sa fortune et sa vie :
O Romains, disait-il, peuple-roi que je sers,
Commandez à César, César à l'univers.
Brutus ou Cassius eût-il fait davantage ?

ROMAINS.

Ah ! nous les détestons. Ce doute nous outrage.

UN ROMAIN.

César fut en effet le père de l'état.

ANTOINE.

Votre père n'est plus; un lâche assassinat
Vient de trancher ici les jours de ce grand homme,
L'honneur de la nature, et la gloire de Rome.
Romains, priverez-vous des honneurs du bûcher
Ce père, cet ami, qui vous était si cher?
On l'apporte à vos yeux.

(Le fond du théâtre s'ouvre; des licteurs apportent le corps de César couvert d'une robe sanglante. Antoine descend de la tribune, et se jette à genoux auprès du corps.)

ROMAINS.

O spectacle funeste!

ANTOINE.

Du plus grand des Romains voilà ce qui vous reste;
Voilà ce Dieu vengeur idolâtré par vous,
Que ses assassins même adoraient à genoux;
Qui, toujours votre appui dans la paix, dans la guerre,
Une heure auparavant faisait trembler la terre,
Qui devait enchaîner Babylone à son char;
Amis, en cet état connaissez-vous César?
Vous les voyez, Romains, vous touchez ces blessures,
Ce sang qu'ont sous vos yeux versé des mains parjures,
Là, Cimber l'a frappé; là, sur le grand César
Cassius et Décime enfonçaient leur poignard;
Là, Brutus éperdu, Brutus, l'ame égarée,
A souillé dans ses flancs sa main dénaturée.
César, le regardant d'un œil tranquille et doux,
Lui pardonnait encore en tombant sous ses coups;
Il l'appelait son fils; et ce nom cher et tendre

Est le seul qu'en mourant César ait fait entendre :
O mon fils ! disait-il.

UN ROMAIN.

O monstre que les dieux
Devaient exterminer avant ce coup affreux !

AUTRES ROMAINS, *en regardant le corps dont ils sont proche.*

Dieux ! son sang coule encore.

ANTOINE.

Il demande vengeance,
Il l'attend de vos mains et de votre vaillance.
Entendez-vous sa voix ? Réveillez-vous, Romains ;
Marchez, suivez-moi tous contre ses assassins :
Ce sont là les honneurs qu'à César on doit rendre :
Des brandons du bûcher qui va le mettre en cendre,
Embrasons les palais de ces fiers conjurés ;
Enfonçons dans leur sein nos bras désespérés.
Venez, dignes amis, venez, vengeurs des crimes,
Au dieu de la patrie immoler ces victimes.

ROMAINS.

Oui, nous les punirons ; oui, nous suivrons vos pas.
Nous jurons par son sang de venger son trépas.
Courons.

ANTOINE, *à Dolabella.*

Ne laissons pas leur fureur inutile ;
Précipitons ce peuple inconstant et facile ;
Entraînons-le à la guerre ; et, sans rien ménager,
Succédons à César, en courant le venger.

FIN DE LA MORT DE CÉSAR.

SÉMIRAMIS,

TRAGÉDIE,

Représentée, pour la première fois, le 29 auguste 1748.

AVERTISSEMENT.

Cette tragédie, d'une espèce particulière, et qui demande un appareil peu commun sur le théâtre de Paris, avait été demandée par l'infante d'Espagne, dauphine de France, qui, remplie de la lecture des anciens, aimait les ouvrages de ce caractère. Si elle eût vécu, elle eût protégé les arts, et donné au théâtre plus de pompe et de dignité.

DISSERTATION
SUR LA TRAGÉDIE
ANCIENNE ET MODERNE.

A son éminence monseigneur le cardinal Quirini, noble Vénitien, évêque de Brescia, bibliothécaire du Vatican.

MONSEIGNEUR,

Il était digne d'un génie tel que le vôtre, et d'un homme qui est à la tête de la plus ancienne bibliothèque du monde, de vous donner tout entier aux lettres. On doit voir de tels princes de l'église sous un pontife qui a éclairé le monde chrétien avant de le gouverner. Mais, si tous les lettrés vous doivent de la reconnaissance, je vous en dois plus que personne, après l'honneur que vous m'avez fait de traduire en de si beaux vers la Henriade et le Poëme de Fontenoi. Les deux héros vertueux que j'ai célébrés sont devenus les vôtres. Vous avez daigné m'embellir, pour rendre encore plus respectables aux nations les noms de Henri IV et de Louis XV, et pour étendre de plus en plus dans l'Europe le goût des arts.

Parmi les obligations que toutes les nations modernes ont aux Italiens, et surtout aux premiers pontifes et à leurs ministres, il faut compter la culture des belles-lettres, par qui furent adoucies peu à peu les mœurs féroces et grossières de nos peuples septentrionaux, et auxquelles nous devons aujourd'hui notre politesse, nos délices et notre gloire.

C'est sous le grand Léon X que le théâtre grec renaquit, ainsi que l'éloquence. La Sophonisbe du célèbre prélat Trissino, nonce du pape, est la première tragédie régulière que l'Europe ait vue après tant de siècles de barbarie, comme la Calandra du cardinal Bibiéna avait été auparavant la première comédie dans l'Italie moderne.

Vous fûtes les premiers qui élevâtes de grands théâtres, et qui donnâtes au monde quelque idée de cette splendeur de l'ancienne Grèce qui attirait les nations étrangères à ses solennités, et qui fut le modèle des peuples en tous les genres.

Si votre nation n'a pas toujours égalé les anciens dans le tragique, ce n'est pas que votre langue harmonieuse, féconde et flexible, ne soit propre à tous les sujets; mais il y a grande apparence que les progrès que vous avez faits dans la musique ont nui enfin à ceux de la véritable tragédie. C'est un talent qui a fait tort à un autre.

Permettez que j'entre avec votre éminence dans une discussion littéraire. Quelques personnes, accoutumées au style des épîtres dédicatoires, s'étonneront que je me bornerai à comparer les usages des Grecs avec les modernes, au lieu de comparer les grands hommes de l'antiquité avec ceux de votre maison ; mais je parle à un savant, à un sage, à celui dont les lumières doivent m'éclairer, et dont j'ai l'honneur d'être le confrère dans la plus ancienne académie de l'Europe, dont les membres s'occupent souvent de semblables recherches; je parle enfin à celui qui aime mieux me donner des instructions que de recevoir des éloges.

PREMIÈRE PARTIE.

Des tragédies grecques imitées par quelques opéra italiens et français.

Un célèbre auteur de votre nation dit que, depuis les beaux jours d'Athènes, la tragédie errante et abandonnée cherche de contrée en contrée quelqu'un qui lui donne la main, et qui lui rende ses premiers honneurs, mais qu'elle n'a pu le trouver.

S'il entend qu'aucune nation n'a de théâtres où des chœurs occupent presque toujours la scène, et chantent des strophes, des épodes et des antistrophes accompagnées d'une danse grave; qu'aucune nation ne fait paraître ses acteurs sur des espèces d'échasses, le visage couvert d'un masque qui exprime la douleur d'un côté et la joie de l'autre; que la déclamation de nos tragédies n'est point notée et soutenue par des flûtes; il a sans doute raison : je ne sais si c'est à notre désavantage. J'ignore si la forme de nos tragédies, plus rapprochée de la nature, ne vaut pas celle des Grecs, qui avait un appareil plus imposant.

Si cet auteur veut dire qu'en général ce grand art n'est pas aussi considéré depuis la renaissance des lettres qu'il l'était autrefois ; qu'il y a en Europe des nations qui ont quelquefois usé d'ingratitude envers les successeurs des Sophocle et des Euripide; que nos théâtres ne sont point de ces édifices superbes dans lesquels les Athéniens mettaient leur gloire ; que nous ne prenons pas les mêmes soins qu'eux de ces spectacles devenus si nécessaires dans nos villes immenses : on doit être entièrement de son opinion. *Et sapit, et mecum facit, et Jove judicat æquo.*

Où trouver un spectacle qui nous donne une image de la scène grecque ? c'est peut-être dans vos tragédies, nommées opéra, que cette image subsiste. Quoi ! me dira-t-on, un opéra italien aurait quelque ressemblance avec le théâtre d'Athenes? oui. Le récitatif italien est précisément la mélopée des anciens ; c'est cette déclamation notée et soutenue par des instruments de musique. Cette mélopée, qui n'est ennuyeuse que dans vos mauvaises tragédies-opéra, est admirable dans vos bonnes pièces. Les chœurs que vous y avez ajoutés depuis quelques années, et qui sont liés essentiellement au sujet, approchent d'autant plus des chœurs des anciens, qu'ils sont exprimés avec une musique différente du récitatif, comme la strophe, l'épode et l'antistrophe étaient chantées, chez les Grecs, tout autrement que la mélopée des scènes. Ajoutez à ces ressemblances, que dans plusieurs tragédies-opéra du célèbre abbé Metastasio, l'unité de lieu, d'action et de temps est observée; ajoutez que ces pièces sont pleines de cette poésie d'expression, et de cette élégance continue, qui embellissent le naturel sans jamais le charger, talent que, depuis les Grecs, le seul Racine a possédé parmi nous, et le seul Addisson chez les Anglais.

Je sais que ces tragédies, si imposantes par les charmes de la musique et par la magnificence du spectacle, ont un défaut que les Grecs ont toujours évité; je sais que ce défaut a fait des monstres des pièces les plus belles, et d'ailleurs les plus régulières : il consiste à mettre dans toutes les scènes de ces petits airs coupés, de ces ariettes détachées qui interrompent l'action, et qui font valoir les fredons d'une voix efféminée, mais brillante, aux dépens de l'intérêt et du bon sens. Le grand auteur que j'ai déja cité, et qui a tiré beaucoup de ses pièces de notre théâtre tragique, a remédié, à force de génie, à ce défaut qui est devenu une nécessité. Les paroles de ses airs détachés sont souvent des embellissements du sujet même; elles sont passionnées; elles sont quelquefois comparables aux plus beaux morceaux des odes d'Horace : j'en apporterai pour preuve cette strophe touchante que chante Arbace accusé et innocent :

> Vo solcando un mar crudele
> Senza vele
> E senza sarte.
> Freme l'onda, il ciel s'imbruna,
> Cresce il vento, e manca l'arte ;
> E il voler della fortuna
> Son costretto a seguitar.
> Infelice ! in questo stato
> Son da tutti abbandonato ;
> Meco sola è l'innocenza
> Che mi porta a naufragar.

J'y ajouterai encore cette autre ariette sublime que débite le roi des Parthes vaincu par Adrien, quand il veut faire servir sa défaite même à sa vengeance :

> Sprezza il furor del vento
> Robusta quercia avvezza
> Di cento venti e cento
> L'injurie a tolerar.
> E se pur cade al suolo
> Spiega per l'onde il volo ;
> E con quel vento istesso
> Va contrastando il mar.

Il y en a beaucoup de cette espèce ; mais que sont des beautés hors de place ? et qu'aurait-on dit dans Athènes, si Œdipe et Oreste avaient, au moment de la reconnaissance, chanté de petits airs fredonnés, et débité des comparaisons à Jocaste et à Électre? Il faut donc avouer que l'opéra, en séduisant les Italiens par les agréments de la musique, a détruit d'un côté la véritable tragédie grecque qu'il faisait renaître de l'autre.

Notre opéra français nous devait faire encore plus de tort; notre mélopée rentre bien moins que la vôtre dans la déclamation naturelle; elle est plus languissante; elle ne permet jamais que les scènes aient leur juste étendue; elle exige des dialogues courts en petites maximes coupées, dont chacune produit une espèce de chanson.

Que ceux qui sont au fait de la vraie littérature des autres nations, et qui ne bornent pas leur science aux airs de nos ballets, songent à cette admirable scène dans la *Clemenza di Tito*, entre Titus et son favori qui a conspiré contre lui; je veux parler de cette scène où Titus dit à Sextus ces paroles:

> Siam soli, il tuo sovrano
> Non è presente; apri il tuo core a Tito,
> Confida ti all' amico; io ti prometto
> Ch'Augusto no'l saprà.

Qu'ils relisent le monologue suivant où Titus dit ces autres paroles, qui doivent être l'éternelle leçon de tous les rois, et le charme de tous les hommes:

> .... Il torre altrui la vita
> E facoltà comune

Al più vil della terra ; il darla è solo
De' numi, e de' regnanti.

Ces deux scènes comparables à tout ce que la Grèce a eu de plus beau, si elles ne sont pas supérieures; ces deux scènes dignes de Corneille quand il n'est pas déclamateur, et de Racine quand il n'est pas faible; ces deux scènes, qui ne sont pas fondées sur un amour d'opéra, mais sur les nobles sentiments du cœur humain, ont une durée trois fois plus longue au moins que les scènes les plus étendues de nos tragédies en musique. De pareils morceaux ne seraient pas supportés sur notre théâtre lyrique, qui ne se soutient guère que par des maximes de galanterie, et par des passions manquées, à l'exception d'Armide, et des belles scènes d'Iphigénie, ouvrages plus admirables qu'imités.

Parmi nos défauts, nous avons, comme vous, dans nos opéra les plus tragiques une infinité d'airs détachés, mais qui sont plus défectueux que les vôtres, parce qu'ils sont moins liés au sujet. Les paroles y sont presque toujours asservies aux musiciens, qui, ne pouvant exprimer dans leurs petites chansons les termes mâles et énergiques de notre langue, exigent des paroles efféminées, oisives, vagues, étrangères à l'action, et ajustées comme on peut à de petits airs mesurés, semblables à ceux qu'on appelle à Venise *Barcarole*. Quel rapport, par exemple, entre Thésée, reconnu par son père sur le point d'être emprisonné par lui, et ces ridicules paroles :

> Le plus sage
> S'enflamme et s'engage,
> Sans savoir comment.

Malgré ces défauts, j'ose encore penser que nos bonnes tragédies-opéra, telles qu'Atis, Armide, Thésée, étaient ce qui pouvait donner parmi nous quelque idée du théâtre d'Athènes, parce que ces tragédies sont chantées comme celles des Grecs; parce que le chœur, tout vicieux qu'on l'a rendu, tout fade panégyriste qu'on l'a fait de la morale amoureuse, ressemble pourtant à celui des Grecs, en ce qu'il occupe souvent la scène. Il ne dit pas ce qu'il doit dire, il n'enseigne pas la vertu, *Et regat iratos, et amet peccare timentes;* mais enfin il faut avouer que la forme des tragédies-opéra nous retrace la forme de la tragédie grecque à quelques égards. Il m'a donc paru en général, en consultant les gens de lettres qui connaissent l'antiquité, que ces tragédies-opéra sont la copie et la ruine de la tragédie d'Athènes. Elles en sont la copie, en ce qu'elles admettent la mélopée, les chœurs, les machines, les divinités; elles en sont la destruction, parce qu'elles ont accoutumé les jeunes gens à se connaître en sons plus qu'en esprit, à préférer leurs oreilles à leur âme, les roulades à des pensées sublimes, à faire valoir quelquefois les ouvrages les plus insipides et les plus mal écrits, quand ils sont soutenus par quelques airs qui nous plaisent. Mais, malgré tous ces défauts, l'enchantement qui résulte de ce mélange heureux de scènes, de chœurs, de danses, de symphonies, et de cette variété de décorations, subjugue jusqu'au critique même; et la meilleure comédie, la meilleure tragédie, n'est jamais fréquentée par les mêmes personnes aussi assidûment qu'un opéra médiocre. Les beautés régulières, nobles, sévères, ne sont pas les plus recherchées par le vulgaire : si on représente une ou deux fois Cinna, on joue trois mois les Fêtes vénitiennes : un poëme épique est moins lu que des épigrammes licencieuses : un petit roman sera mieux débité que l'histoire du président de Thou. Peu de particuliers font travailler de grands peintres; mais on se dispute des figures estropiées qui viennent de la Chine, et des ornements fragiles. On dore, on vernit des cabinets, on néglige la noble architecture; enfin, dans tous les genres, les petits agréments l'emportent sur le vrai mérite.

SECONDE PARTIE.

De la tragédie française comparée à la tragédie grecque.

Heureusement la bonne et vraie tragédie parut en France avant que nous eussions ces opéra, qui auraient pu l'étouffer. Un auteur, nommé Mairet, fut le premier qui, en imitant la Sophonisbe du Trissino, introduisit la règle des trois unités que vous aviez prise des Grecs. Peu à peu notre scène s'épura, et se défit de l'indécence et de la barbarie qui déshonoraient alors tant de théâtres, et qui servaient d'excuse à ceux dont la sévérité peu éclairée condamnait tous les spectacles.

Les acteurs ne parurent pas élevés, comme dans Athènes, sur des cothurnes qui étaient de véritables échasses ; leur visage ne fut pas caché sous de grands masques, dans lesquels des tuyaux d'airain rendaient les sons de la voix plus frappants et plus terribles. Nous ne pûmes avoir la mélopée des Grecs. Nous nous réduisîmes à la simple déclamation harmonieuse, ainsi que vous en aviez d'abord usé. Enfin nos tragédies devinrent une imitation plus vraie de la nature. Nous substituâmes l'histoire à la fable grecque. La politique, l'ambition, la jalousie, les fureurs de l'amour, régnèrent sur nos théâtres. Auguste, Cinna, César, Cornélie, plus respectables que des héros fabuleux, parlèrent souvent sur notre scène comme ils auraient parlé dans l'ancienne Rome.

Je ne prétends pas que la scène française l'ait emporté en tout sur celle des Grecs, et doive la faire oublier. Les inventeurs ont toujours la première place dans la mémoire des hommes ; mais quelque respect qu'on ait pour ces premiers génies, cela n'empêche pas que ceux qui les ont suivis ne fassent souvent beaucoup plus de plaisir. On respecte Homère, mais on lit le Tasse ; on trouve dans lui beaucoup de beautés qu'Homère n'a point connues. On admire Sophocle; mais combien de nos bons auteurs tragiques ont-ils de traits de maître que Sophocle eût fait gloire d'imiter, s'il fût venu après eux! Les Grecs auraient appris de nos grands modernes à faire des expositions plus adroites, à lier les scènes les unes aux autres par cet art imperceptible qui ne laisse jamais le théâtre vide, et qui fait venir et sortir avec raison les personnages. C'est à quoi les anciens ont souvent manqué, et c'est en quoi le Trissino les a malheureusement imités. Je maintiens, par exemple, que Sophocle et Euripide eussent regardé la première scène de Bajazet comme une école où ils auraient profité, en voyant un vieux général d'armée annoncer, par les questions qu'il fait, qu'il médite une grande entreprise.

> Que faisaient cependant nos braves janissaires ?
> Rendent-ils au sultan des hommages sincères ?
> Dans le secret des cœurs, Osmin, n'as-tu rien lu ?

Et le moment d'après :

> Crois-tu qu'ils me suivraient encore avec plaisir,
> Et qu'ils reconnaîtraient la voix de leur visir ?

Ils auraient admiré comme ce conjuré développe ensuite ses desseins, et rend compte de ses actions. Ce grand mérite de l'art n'était point connu aux inventeurs de l'art. Le choc des passions, ces combats de sentiments opposés, ces discours animés de rivaux et de rivales, ces contestations intéressantes, où l'on dit ce que l'on doit dire, ces situations si bien ménagées, les auraient étonnés. Ils eussent trouvé mauvais peut-être qu'Hippolyte soit amoureux assez froidement d'Aricie, et que son gouverneur lui fasse des leçons de galanterie; qu'il dise :

> . . . . Vous-même, où seriez-vous,
> Si toujours votre mère, à l'amour opposée,
> D'une pudique ardeur n'eût brûlé pour Thésée ?

paroles tirées du *Pastor fido*, et bien plus convenables à un berger qu'au gouverneur d'un prince; mais ils eussent été ravis en admiration en entendant Phèdre s'écrier :

> OEnone, qui l'eût cru ? j'avais une rivale,
> . . . . Hippolyte aime, et je n'en peux douter.
> Ce farouche ennemi, qu'on ne pouvait domter,
> Qu'offensait le respect, qu'importunait la plainte;
> Ce tigre, que jamais je n'abordai sans crainte,
> Soumis, apprivoisé, reconnaît un vainqueur.

Ce désespoir de Phèdre, en découvrant sa rivale, vaut certainement un peu mieux que la satire des femmes, que fait si longuement et si mal à propos l'Hippolyte d'Euripide, qui devient là un mauvais personnage de comédie. Les Grecs auraient surtout été surpris de cette foule de traits sublimes qui étincellent de toutes parts dans nos modernes. Quel effet ne ferait point sur eux ce vers :

> Que vouliez-vous qu'il fît contre trois ?—Qu'il mourût.

Et cette réponse, peut-être encore plus belle et

plus passionnée, que fait Hermione à Oreste, lorsqu'après avoir exigé de lui la mort de Pyrrhus qu'elle aime, elle apprend malheureusement qu'elle est obéie; elle s'écrie alors :

Pourquoi l'assassiner, qu'a-t-il fait? A quel titre?
Qui te l'a dit?

ORESTE.

O dieux! quoi! ne m'avez-vous pas
Vous-même, ici, tantôt, ordonné son trépas?

HERMIONE.

Ah! fallait-il en croire une amante insensée?

Je citerai encore ici ce que dit César quand on lui présente l'urne qui renferme les cendres de Pompée :

Restes d'un demi-dieu, dont à peine je puis
Egaler le grand nom, tout vainqueur que j'en suis.

Les Grecs ont d'autres beautés; mais, je m'en rapporte à vous, monseigneur, ils n'en ont aucune de ce caractère.

Je vais plus loin, et je dis que ces hommes, qui étaient si passionnés pour la liberté, et qui ont dit si souvent qu'on ne peut penser avec hauteur que dans les républiques, apprendraient à parler dignement de la liberté même dans quelques-unes de nos pièces, tout écrites qu'elles sont dans le sein d'une monarchie.

Les modernes ont encore, plus fréquemment que les Grecs, imaginé des sujets de pure invention. Nous eûmes beaucoup de ces ouvrages, du temps du cardinal de Richelieu; c'était son goût,

ainsi que celui des Espagnols; il aimait qu'on cherchât d'abord à peindre des mœurs et à arranger une intrigue, et qu'ensuite on donnât des noms aux personnages, comme on en use dans la comédie; c'est ainsi qu'il travaillait lui-même, quand il voulait se délasser du poids du ministère. Le Venceslas de Rotrou est entièrement dans ce goût, et toute cette histoire est fabuleuse. Mais l'auteur voulut peindre un jeune homme fougueux dans ses passions, avec un mélange de bonnes et de mauvaises qualités; un père tendre et faible; et il a réussi dans quelques parties de son ouvrage. Le Cid et Héraclius, tirés des Espagnols, sont encore des sujets feints : il est bien vrai qu'il y a eu un empereur nommé Héraclius, un capitaine espagnol qui eut le nom de Cid; mais presque aucune des aventures qu'on leur attribue n'est véritable. Dans Zaïre et dans Alzire, si j'ose en parler, et je n'en parle que pour donner des exemples connus, tout est feint jusqu'aux noms. Je ne conçois pas, après cela, comment le P. Brumoy a pu dire, dans son Théâtre des Grecs, que la tragédie ne peut souffrir de sujets feints, et que jamais on ne prit cette liberté dans Athènes. Il s'épuise à chercher la raison d'une chose qui n'est pas. « Je crois en trouver une raison, dit-il, dans
« la nature de l'esprit humain : il n'y a que la
« vraisemblance dont il puisse être touché. Or il
« n'est pas vraisemblable que des faits aussi grands
« que ceux de la tragédie soient absolument in-

« connus ; si donc le poëte invente tout le sujet, « jusques aux noms, le spectateur se révolte, tout « lui paraît incroyable ; et la pièce manque son « effet, faute de vraisemblance. »

Premièrement, il est faux que les Grecs se soient interdit cette espèce de tragédie. Aristote dit expressément qu'Agathon s'était rendu très célèbre dans ce genre. Secondement, il est faux que ces sujets ne réussissent point ; l'expérience du contraire dépose contre le P. Brumoy. En troisième lieu, la raison qu'il donne du peu d'effet que ce genre de tragédie peut faire, est encore très fausse ; c'est assurément ne pas connaître le cœur humain, que de penser qu'on ne peut le remuer par des fictions. En quatrième lieu, un sujet de pure invention, et un sujet vrai, mais ignoré, sont absolument la même chose pour les spectateurs ; et comme notre scène embrasse des sujets de tous les temps et de tous les pays, il faudrait qu'un spectateur allât consulter tous les livres avant qu'il sût si ce qu'on lui représente est fabuleux ou historique. Il ne prend pas assurément cette peine ; il se laisse attendrir quand la pièce est touchante, et il ne s'avise pas de dire, en voyant Polyeucte : Je n'ai jamais entendu parler de Sévère et de Pauline ; ces gens-là ne doivent pas me toucher. Le P. Brumoy devait seulement remarquer que les pièces de ce genre sont beaucoup plus difficiles à faire que les autres. Tout le caractère de Phèdre était déja dans Euripide ; sa déclaration d'amour, dans Sénèque le tragique; toute la scène d'Auguste et de Cinna, dans Sénèque le philosophe; mais il fallait tirer Sévère et Pauline de son propre fonds. Au reste, si le P. Brumoy s'est trompé dans cet endroit et dans quelques autres, son livre est d'ailleurs un des meilleurs et des plus utiles que nous ayons; et je ne combats son erreur qu'en estimant son travail et son goût.

Je reviens, et je dis que ce serait manquer d'âme et de jugement, que de ne pas avouer combien la scène française est au-dessus de la scène grecque, par l'art de la conduite, par l'invention, par les beautés de détail, qui sont sans nombre. Mais aussi on serait bien partial et bien injuste de ne pas tomber d'accord que la galanterie a presque partout affaibli tous les avantages que nous avons d'ailleurs. Il faut convenir que, d'environ quatre cents tragédies qu'on a données au théâtre, depuis qu'il est en possession de quelque gloire en France, il n'y en a pas dix ou douze qui ne soient fondées sur une intrigue d'amour, plus propre à la comédie qu'au genre tragique. C'est presque toujours la même pièce, le même nœud, formé par une jalousie et une rupture, et dénoué par un mariage : c'est une coquetterie continuelle, une simple comédie, où des princes sont acteurs, et dans laquelle il y a quelquefois du sang répandu pour la forme.

La plupart de ces pièces ressemblent si fort à des comédies, que les acteurs étaient parvenus depuis quelque temps à les réciter du ton dont ils jouent les pièces qu'on appelle du haut comique : ils ont par-là contribué à dégrader encore la tragédie : la pompe et la magnificence de la déclamation ont été mises en oubli. On s'est piqué de réciter des vers comme de la prose ; on n'a pas considéré qu'un langage au-dessus du langage ordinaire doit être débité d'un ton au-dessus du ton familier. Et si quelques acteurs ne s'étaient heureusement corrigés de ces défauts, la tragédie ne serait bientôt parmi nous qu'une suite de conversations galantes froidement récitées ; aussi n'y a-t-il pas encore long-temps que, parmi les acteurs de toutes les troupes, les principaux rôles dans la tragédie n'étaient connus que sous le nom de l'amoureux et de l'amoureuse. Si un étranger avait demandé dans Athènes : Quel est votre meilleur acteur pour les amoureux dans Iphigénie, dans Hécube, dans les Héraclides, dans OEdipe, et dans Électre ? on n'aurait pas même compris le sens d'une telle demande. La scène française s'est lavée de ce reproche par quelques tragédies où l'amour est une passion furieuse et terrible, et vraiment digne du théâtre, et par d'autres où le nom d'amour n'est pas même prononcé. Jamais l'amour n'a fait verser tant de larmes que la nature. Le cœur n'est qu'effleuré, pour l'ordinaire, des plaintes d'une amante ; mais il est profondément attendri de la douloureuse situation d'une mère prête de perdre son fils : c'est donc assurément par condescendance pour son ami que Despréaux disait :

...... De l'amour la sensible peinture
Est, pour aller au cœur, la route la plus sure.

La route de la nature est cent fois plus sûre, comme plus noble : les morceaux les plus frappants d'Iphigénie sont ceux où Clytemnestre défend sa fille, et non pas ceux où Achille défend son amante.

On a voulu donner dans Sémiramis un spectacle encore plus pathétique que dans Mérope; on y a déployé tout l'appareil de l'ancien théâtre grec. Il serait triste, après que nos grands maîtres ont surpassé les Grecs en tant de choses dans la tragédie, que notre nation ne pût les égaler dans la dignité de leurs représentations. Un des plus grands obstacles qui s'opposent sur notre théâtre à toute action grande et pathétique, est la foule des spectateurs, confondue sur la scène avec les acteurs : cette indécence se fit sentir particulièrement à la première représentation de Sémiramis. La principale actrice de Londres, qui était présente à ce spectacle, ne revenait point de son étonnement; elle ne pouvait concevoir comment il y avait des hommes assez ennemis de leurs plaisirs pour gâter ainsi le spectacle sans en jouir. Cet abus a été corrigé dans la suite aux représentations de Sémiramis, et il pourrait aisément être supprimé pour jamais. Il ne faut pas s'y méprendre; un inconvénient, tel que celui-là seul, a suffi pour priver la France de beaucoup de chefs-d'œuvre, qu'on aurait sans doute hasardés, si on avait eu un théâtre libre, propre pour l'action, et tel qu'il est chez toutes les autres nations de l'Europe.

Mais ce grand défaut n'est pas assurément le seul qui doive être corrigé. Je ne puis assez m'étonner ni me plaindre du peu de soin qu'on a en France de rendre les théâtres dignes des excellents ouvrages qu'on y représente, et de la nation qui en fait ses délices. Cinna, Athalie, méritaient d'être représentés ailleurs que dans un jeu de paume, au bout duquel on a élevé quelques décorations du plus mauvais goût, et dans lequel les spectateurs sont placés, contre tout ordre et contre toute raison, les uns debout sur le théâtre même, les autres debout dans ce qu'on appelle *parterre*, où ils sont gênés et pressés indécemment, et où ils se précipitent quelquefois en tumulte les uns sur les autres, comme dans une sédition populaire. On représente au fond du Nord nos ouvrages dramatiques dans des salles mille fois plus magnifiques, mieux entendues, et avec beaucoup plus de décence.

Que nous sommes loin surtout de l'intelligence et du bon goût qui règnent en ce genre dans presque toutes vos villes d'Italie! Il est honteux de laisser subsister encore ces restes de barbarie dans une ville si grande, si peuplée, si opulente, et si polie. La dixième partie de ce que nous dépensons tous les jours en bagatelles, aussi magnifiques qu'inutiles et peu durables, suffirait pour élever des monuments publics en tous les genres, pour rendre Paris aussi magnifique qu'il est riche et peuplé, et pour l'égaler un jour à Rome, qui est notre modèle en tant de choses. C'était un des projets de l'immortel Colbert. J'ose me flatter qu'on pardonnera cette petite digression à mon amour pour les arts et pour ma patrie, et que peut-être même un jour elle inspirera aux magistrats qui sont à la tête de cette ville la noble envie d'imiter les magistrats d'Athènes et de Rome, et ceux de l'Italie moderne.

Un théâtre construit selon les règles doit être très vaste; il doit représenter une partie d'une place publique, le péristyle d'un palais, l'entrée d'un temple. Il doit être fait de sorte qu'un personnage, vu par les spectateurs, puisse ne l'être point par les autres personnages, selon le besoin. Il doit en imposer aux yeux, qu'il faut toujours séduire les premiers. Il doit être susceptible de la pompe la plus majestueuse. Tous les spectateurs doivent voir et entendre également, en quelque endroit qu'ils soient placés. Comment cela peut-il s'exécuter sur une scène étroite, au milieu d'une foule de jeunes gens qui laissent à peine dix pieds de place aux acteurs? De là vient que la plupart des pièces ne sont que de longues conversations; toute action théâtrale est souvent manquée et ridicule. Cet abus subsiste, comme tant d'autres, par la raison qu'il est établi, et parce qu'on jette rarement sa maison par terre, quoiqu'on sache qu'elle est mal tournée. Un abus public n'est jamais corrigé qu'à la dernière extrémité. Au reste, quand je parle d'une action théâtrale, je parle d'un appareil, d'une cérémonie, d'une assemblée, d'un évènement nécessaire à la pièce, et non pas de ces vains spectacles plus puérils que pompeux, de ces ressources du décorateur qui suppléent à la stérilité du poëte, et qui amusent les yeux, quand on ne sait pas parler aux oreilles et à l'âme. J'ai vu à Londres une pièce où l'on représentait le couronnement du roi d'Angleterre dans toute l'exactitude possible. Un chevalier armé de toutes pièces entrait à cheval sur le théâtre. J'ai quelquefois entendu dire à des étrangers : « Ah! le bel « opéra que nous avons eu! on y voyait passer au « galop plus de deux cents gardes. » Ces gens-là ne savaient pas que quatre beaux vers valent mieux dans une pièce qu'un régiment de cavalerie. Nous avons à Paris une troupe comique étrangère qui, ayant rarement de bons ouvrages à représenter, donne sur le théâtre des feux d'artifice. Il y a long-temps qu'Horace, l'homme de l'antiquité qui avait le plus de goût, a condamné ces sottises qui leurrent le peuple.

> Esseda festinant, pilenta, petorita, naves;
> Captivum portatur ebur, captiva Corinthus.
> Si foret in terris, rideret Democritus...
> Spectaret populum ludis attentiùs ipsis.

TROISIÈME PARTIE.

De Sémiramis.

Par tout ce que je viens d'avoir l'honneur de vous dire, monseigneur, vous voyez que c'était une entreprise assez hardie de représenter Sémiramis assemblant les ordres de l'État pour leur annoncer son mariage; l'ombre de Ninus sortant de son tombeau, pour prévenir un inceste, et pour venger sa mort; Sémiramis entrant dans ce mausolée, et en sortant expirante, et percée de la main de son fils. Il était à craindre que ce spectacle ne révoltât : et d'abord, en effet, la plupart de ceux qui fréquentent les spectacles, accoutumés à des élégies amoureuses, se liguèrent contre ce nouveau genre de tragédie. On dit qu'autrefois, dans une ville de la grande Grèce, on proposait des prix pour ceux qui inventeraient des plaisirs nouveaux. Ce fut ici tout le contraire. Mais quelques efforts qu'on ait faits pour faire tomber cette espèce de drame, vraiment terrible et tragique, on n'a pu y réussir; on disait et on écrivait de tous côtés que l'on ne croit plus aux revenants, et que les apparitions des morts ne peuvent être que puériles aux yeux d'une nation éclairée. Quoi! toute l'antiquité aura cru ces prodiges, et il ne sera pas permis de se conformer à l'antiquité? Quoi! notre religion aura consacré ces coups extraordinaires de la providence, et il serait ridicule de les renouveler?

Les Romains philosophes ne croyaient pas aux revenants du temps des empereurs, et cependant le jeune Pompée évoque une ombre dans la Pharsale. Les Anglais ne croient pas assurément plus que les Romains aux revenants; cependant ils voient tous les jours avec plaisir, dans la tragédie d'Hamlet, l'ombre d'un roi qui paraît sur le théâtre dans une occasion à peu près semblable à celle où l'on a vu à Paris le spectre de Ninus. Je suis bien loin assurément de justifier en tout la tragédie d'Hamlet; c'est une pièce grossière et barbare, qui ne serait pas supportée par la plus vile populace de la France et de l'Italie. Hamlet y devient fou au second acte, et sa maîtresse devient folle au troisième; le prince tue le père de sa maîtresse, feignant de tuer un rat, et l'héroïne se jette dans la rivière. On fait sa fosse sur le théâtre; des fossoyeurs disent des quolibets dignes d'eux, en tenant dans leurs mains des têtes de morts; le prince Hamlet répond à leurs grossièretés abominables par des folies non moins dégoûtantes. Pendant ce temps-là, un des acteurs fait la conquête de la Pologne. Hamlet, sa mère et son beau-père boivent ensemble sur le théâtre: on chante à table, on s'y querelle, on se bat, on se tue; on croirait que cet ouvrage est le fruit de l'imagination d'un sauvage ivre. Mais parmi ces irrégularités grossières qui rendent encore aujourd'hui le théâtre anglais si absurde et si barbare, on trouve dans Hamlet, par une bizarrerie encore plus grande, des traits sublimes, dignes des plus grands génies. Il semble que la nature se soit plue à rassembler dans la tête de Shakespear ce qu'on peut imaginer de plus fort et de plus grand, avec ce que la grossièreté sans esprit peut avoir de plus bas et de plus détestable.

Il faut avouer que, parmi les beautés qui étincellent au milieu de ces terribles extravagances, l'ombre du père d'Hamlet est un des coups de théâtre les plus frappants. Il fait toujours un grand effet sur les Anglais, je dis sur ceux qui sont le plus instruits, et qui sentent le mieux toute l'irrégularité de leur ancien théâtre. Cette ombre inspire plus de terreur à la seule lecture que n'en fait naître l'apparition de Darius dans la tragédie d'Eschyle, intitulée les Perses. Pourquoi? parce que Darius, dans Eschyle, ne paraît que pour annoncer les malheurs de sa famille, au lieu que, dans Shakespear, l'ombre du père d'Hamlet vient demander vengeance, vient révéler des crimes secrets : elle n'est ni inutile, ni amenée par force; elle sert à convaincre qu'il y a un pouvoir invisible qui est le maître de la nature. Les hommes, qui ont tous un fonds de justice dans le cœur, souhaitent naturellement que le ciel s'intéresse à venger l'innocence : on verra avec plaisir, en tout temps et en tout pays, qu'un Etre suprême s'occupe à punir les crimes de ceux que les hommes ne peuvent appeler en jugement; c'est une consolation pour le faible, c'est un frein pour le pervers qui est puissant.

> Du ciel, quand il le faut, la justice suprême
> Suspend l'ordre éternel établi par lui-même;
> Il permet à la mort d'interrompre ses lois,
> Pour l'effroi de la terre, et l'exemple des rois.

Voilà ce que dit à Sémiramis le pontife de Babylone, et ce que le successeur de Samuel aurait pu dire à Saül quand l'ombre de Samuel vint lui annoncer sa condamnation.

Je vais plus avant, et j'ose affirmer que, lorsqu'un tel prodige est annoncé dans le commencement d'une tragédie, quand il est préparé, quand on est parvenu enfin jusqu'au point de le rendre nécessaire, de le faire désirer même par les spectateurs, il se place alors au rang des choses naturelles.

On sait bien que ces grands artifices ne doivent pas être prodigués.

Nec deus intersit, nisi dignus vindice nodus...

Je ne voudrais pas assurément, à l'imitation d'Euripide, faire descendre Diane à la fin de la tragédie de Phèdre, ni Minerve dans l'Iphigénie en Tauride. Je ne voudrais pas, comme Shakespear, faire apparaître à Brutus son mauvais génie. Je voudrais que de telles hardiesses ne fussent employées que quand elles servent à la fois à mettr dans la pièce de l'intrigue et de la terreur : et je voudrais surtout que l'intervention de ces êtres surnaturels ne parût pas absolument nécessaire. Je m'explique : si le nœud d'un poëme tragique est tellement embrouillé qu'on ne puisse se tirer d'embarras que par le secours d'un prodige, le spectateur sent la gêne où l'auteur s'est mis, et la faiblesse de la ressource : il ne voit qu'un écrivain qui se tire maladroitement d'un mauvais pas. Plus d'illusion, plus d'intérêt.

Quodcumque ostendis mihi sic, incredulus odi.

Mais je suppose que l'auteur d'une tragédie se fût proposé pour but d'avertir les hommes que Dieu punit quelquefois de grands crimes par des voies extraordinaires ; je suppose que sa pièce fût conduite avec un tel art, que le spectateur attendît à tout moment l'ombre d'un prince assassiné qui demande vengeance, sans que cette apparition fût une ressource absolument nécessaire à une intrigue embarrassée : je dis qu'alors ce prodige, bien ménagé, ferait un très grand effet en toute langue, en tous temps et en tout pays.

Tel est à peu près l'artifice de la tragédie de Sémiramis (aux beautés près, dont je n'ai pu l'orner). On voit dès la première scène que tout doit se faire par le ministère céleste ; tout roule d'acte en acte sur cette idée. C'est un dieu vengeur qui inspire à Sémiramis des remords, qu'elle n'eût point eus dans ses prospérités, si les cris de Ninus même ne fussent venus l'épouvanter au milieu de sa gloire. C'est ce dieu qui se sert de ces remords mêmes qu'il lui donne, pour préparer son châtiment; et c'est de là même que résulte l'instruction qu'on peut tirer de la pièce. Les anciens avaient souvent dans leurs ouvrages le but d'établir quelque grande maxime ; ainsi Sophocle finit son OEdipe en disant qu'il ne faut jamais appeler un homme heureux avant sa mort. Ici toute la morale de la pièce est renfermée dans ces vers :

...... Il est donc des forfaits
Que le courroux des dieux ne pardonne jamais !

maxime bien autrement importante que celle de Sophocle. Mais quelle instruction, dira-t-on, le commun des hommes peut-il tirer d'un crime si rare, et d'une punition plus rare encore ? J'avoue que la catastrophe de Sémiramis n'arrivera pas souvent; mais ce qui arrive tous les jours se trouve dans les derniers vers de la pièce :

...... Apprenez tous du moins
Que les crimes secrets ont les dieux pour témoins.

Il y a peu de familles sur la terre où l'on ne puisse quelquefois s'appliquer ces vers; c'est par là que les sujets tragiques les plus au-dessus des fortunes communes ont les rapports les plus vrais avec les mœurs de tous les hommes.

Je pourrais surtout appliquer à la tragédie de Sémiramis la morale par laquelle Euripide finit son Alceste, pièce dans laquelle le merveilleux règne bien davantage : « Que les dieux emploient « des moyens étonnants pour exécuter leurs éter- « nels décrets! Que les grands évènements qu'ils « ménagent surpassent les idées des mortels! »

Enfin, monseigneur, c'est uniquement parce que cet ouvrage respire la morale la plus pure, et même la plus sévère, que je le présente à votre éminence. La véritable tragédie est l'école de la vertu ; et la seule différence qui soit entre le théâtre épuré et les livres de morale, c'est que l'instruction se trouve dans la tragédie toute en action ; c'est qu'elle y est intéressante, et qu'elle se montre relevée des charmes d'un art qui ne fut inventé autrefois que pour instruire la terre et pour bénir le ciel, et qui, par cette raison, fut appelé le langage des dieux. Vous qui joignez ce grand art à tant d'autres, vous me pardonnez, sans doute, le long détail où je suis entré sur des choses qui n'avaient pas peut-être été encore tout-à-fait éclaircies, et qui le seraient si votre éminence daignait me communiquer ses lumières sur l'antiquité, dont elle a une si profonde connaissance.

PERSONNAGES.

SÉMIRAMIS, reine de Babylone.
ARZACE ou NINIAS, fils de Sémiramis.
AZÉMA, princesse du sang de Bélus.
ASSUR, prince du sang de Bélus.
OROÈS, grand-prêtre.
OTANE, ministre attaché à Sémiramis.
MITRANE, ami d'Arzace.
CÉDAR, attaché à Assur.
GARDES, MAGES, ESCLAVES, SUITE.

La scène est à Babylone.

SÉMIRAMIS,
TRAGÉDIE.

ACTE PREMIER.

(Le théâtre représente un vaste péristyle, au fond duquel est le palais de Sémiramis. Les jardins en terrasse sont élevés au-dessus du palais. Le temple des mages est à droite, et un mausolée à gauche, orné d'obélisques.)

SCÈNE I.

Deux esclaves portent une cassette dans le lointain.

ARZACE, MITRANE.

ARZACE.

Oui, Mitrane, en secret l'ordre émané du trône
Remet entre tes bras Arzace à Babylone.
Que la reine en ces lieux, brillants de sa splendeur,
De son puissant génie imprime la grandeur!
Quel art a pu former ces enceintes profondes
Où l'Euphrate égaré porte en tribut ses ondes;
Ce temple, ces jardins dans les airs soutenus;
Ce vaste mausolée où repose Ninus?
Éternels monuments, moins admirables qu'elle!
C'est ici qu'à ses pieds Sémiramis m'appelle.

Les rois de l'Orient, loin d'elle prosternés,
N'ont point eu ces honneurs qui me sont destinés :
Je vais dans son éclat voir cette reine heureuse.

MITRANE.

La renommée, Arzace, est souvent bien trompeuse ;
Et peut-être avec moi bientôt vous gémirez
Quand vous verrez de près ce que vous admirez.

ARZACE.

Comment?

MITRANE.

Sémiramis, à ses douleurs livrée,
Sème ici les chagrins dont elle est dévorée :
L'horreur qui l'épouvante est dans tous les esprits.
Tantôt remplissant l'air de ses lugubres cris,
Tantôt morne, abattue, égarée, interdite,
De quelque dieu vengeur évitant la poursuite,
Elle tombe à genoux vers ces lieux retirés,
A la nuit, au silence, à la mort consacrés ;
Séjour où nul mortel n'osa jamais descendre,
Où de Ninus mon maître on conserve la cendre
Elle approche à pas lents, l'air sombre, intimidé,
Et se frappant le sein de ses pleurs inondé.
A travers les horreurs d'un silence farouche,
Les noms de fils, d'époux, échappent de sa bouche :
Elle invoque les dieux ; mais les dieux irrités
Ont corrompu le cours de ses prospérités.

ARZACE.

Quelle est d'un tel état l'origine imprévue?

MITRANE.

L'effet en est affreux, la cause est inconnue.

ARZACE.

Et depuis quand les dieux l'accablent-ils ainsi?

ACTE I, SCÈNE I.

MITRANE.
Depuis qu'elle ordonna que vous vinssiez ici.

ARZACE.
Moi?

MITRANE.
Vous : ce fut, seigneur, au milieu de ces fêtes,
Quand Babylone en feu célébrait vos conquêtes;
Lorsqu'on vit déployer ces drapeaux suspendus,
Monuments des États à vos armes rendus;
Lorsqu'avec tant d'éclat l'Euphrate vit paraître
Cette jeune Azéma, la nièce de mon maître,
Ce pur sang de Bélus et de nos souverains,
Qu'aux Scythes ravisseurs ont arraché vos mains :
Ce trône a vu flétrir sa majesté suprême,
Dans des jours de triomphe, au sein du bonheur même.

ARZACE.
Azéma n'a point part à ce trouble odieux ;
Un seul de ses regards adoucirait les dieux ;
Azéma d'un malheur ne peut être la cause.
Mais de tout, cependant, Sémiramis dispose :
Son cœur en ces horreurs n'est pas toujours plongé?

MITRANE.
De ces chagrins mortels son esprit dégagé
Souvent reprend sa force et sa splendeur première.
J'y revois tous les traits de cette ame si fière,
A qui les plus grands rois, sur la terre adorés,
Même par leurs flatteurs ne sont pas comparés.
Mais lorsque, succombant au mal qui la déchire,
Ses mains laissent flotter les rênes de l'empire,
Alors le fier Assur, ce satrape insolent,
Fait gémir le palais sous son joug accablant.
Ce secret de l'État, cette honte du trône,

N'ont point encor percé les murs de Babylone.
Ailleurs on nous envie, ici nous gémissons.

ARZACE.

Pour les faibles humains quelles hautes leçons!
Que partout le bonheur est mêlé d'amertume!
Qu'un trouble aussi cruel m'agite et me consume!
Privé de ce mortel, dont les yeux éclairés
Auraient conduit mes pas à la cour égarés,
Accusant le destin qui m'a ravi mon père,
En proie aux passions d'un âge téméraire,
A mes vœux orgueilleux sans guide abandonné,
De quels écueils nouveaux je marche environné!

MITRANE.

J'ai pleuré comme vous ce vieillard vénérable;
Phradate m'était cher, et sa perte m'accable :
Hélas! Ninus l'aimait; il lui donna son fils;
Ninias, notre espoir, à ses mains fut remis.
Un même jour ravit et le fils et le père;
Il s'imposa dès-lors un exil volontaire;
Mais enfin son exil a fait votre grandeur.
Élevé près de lui dans les champs de l'honneur,
Vous avez à l'empire ajouté des provinces;
Et, placé par la gloire au rang des plus grands princes,
Vous êtes devenu l'ouvrage de vos mains.

ARZACE.

Je ne sais en ces lieux quels seront mes destins.
Aux plaines d'Arbazan quelques succès peut-être,
Quelques travaux heureux m'ont assez fait connaître;
Et quand Sémiramis, aux rives de l'Oxus,
Vint imposer des lois à cent peuples vaincus,
Elle laissa tomber de son char de victoire
Sur mon front jeune encore un rayon de sa gloire;

ACTE I, SCÈNE I.

Mais souvent dans les camps un soldat honoré
Rampe à la cour des rois, et languit ignoré.
Mon père, en expirant, me dit que ma fortune
Dépendait en ces lieux de la cause commune.
Il remit dans mes mains ces gages précieux,
Qu'il conserva toujours loin des profanes yeux :
Je dois les déposer dans les mains du grand-prêtre ;
Lui seul doit en juger, lui seul doit les connaître ;
Sur mon sort, en secret, je dois le consulter ;
A Sémiramis même il peut me présenter.

MITRANE.

Rarement il l'approche ; obscur et solitaire,
Renfermé dans les soins de son saint ministère,
Sans vaine ambition, sans crainte, sans détour,
On le voit dans son temple, et jamais à la cour.
Il n'a point affecté l'orgueil du rang suprême,
Ni placé sa tiare auprès du diadème.
Moins il veut être grand, plus il est révéré.
Quelque accès m'est ouvert en ce séjour sacré ;
Je puis même en secret lui parler à cette heure.
Vous le verrez ici, non loin de sa demeure,
Avant qu'un jour plus grand vienne éclairer nos yeux.

SCÈNE II.

ARZACE, *seul.*

Eh ! quelle est donc sur moi la volonté des dieux ?
Que me réservent-ils ? et d'où vient que mon père
M'envoie, en expirant, au pied du sanctuaire,
Moi soldat, moi nourri dans l'horreur des combats,
Moi qu'enfin l'amour seul entraîne sur ses pas ?

Aux dieux des Chaldéens quel service ai-je à rendre?
Mais quelle voix plaintive ici se fait entendre?
(*On entend des gémissements sortir du fond du tombeau, où l'on suppose qu'ils sont entendus.*)
Du fond de cette tombe un cri lugubre, affreux,
Sur mon front pâlissant fait dresser mes cheveux;
De Ninus, m'a-t-on dit, l'ombre en ces lieux habite...
Les cris ont redoublé; mon âme est interdite.
Séjour sombre et sacré, mânes de ce grand roi,
Voix puissante des dieux, que voulez-vous de moi?

SCÈNE III.

ARZACE, LE GRAND MAGE OROÈS, SUITE DE MAGES, MITRANE.

MITRANE, *au mage Oroès.*

OUI, seigneur, en vos mains Arzace ici doit rendre
Ces monuments secrets que vous semblez attendre.

ARZACE.

Du dieu des Chaldéens pontife redouté,
Permettez qu'un guerrier, à vos yeux présenté,
Apporte à vos genoux la volonté dernière
D'un père à qui mes mains ont fermé la paupière.
Vous daignâtes l'aimer.

OROÈS.

Jeune et brave mortel,
D'un dieu qui conduit tout le décret éternel
Vous amène à mes yeux plus que l'ordre d'un père.
De Phradate à jamais la mémoire m'est chère:
Son fils me l'est encor plus que vous ne croyez.
Ces gages précieux, par son ordre envoyés,
Où sont-ils?

ACTE I, SCÈNE III.

ARZACE.

Les voici.

(Les esclaves donnent le coffre aux mages, qui le posent sur un autel.)

OROÈS, *ouvrant le coffre, et se penchant avec respect et avec douleur.*

     C'est donc vous que je touche,
Restes chers et sacrés, je vous vois, et ma bouche
Presse, avec des sanglots, ces tristes monuments
Qui, m'arrachant des pleurs, attestent mes serments !
Que l'on nous laisse seuls ; allez : et vous, Mitrane,
De ce secret mystère écartez tout profane.

(Les mages se retirent.)

Voici ce même sceau dont Ninus autrefois
Transmit aux nations l'empreinte de ses lois :
Je la vois, cette lettre à jamais effrayante,
Que, prête à se glacer, traça sa main mourante.
Adorez ce bandeau dont il fut couronné :
A venger son trépas ce fer est destiné,
Ce fer qui subjugua la Perse et la Médie,
Inutile instrument contre la perfidie,
Contre un poison trop sûr, dont les mortels apprêts...

ARZACE.

Ciel ! que m'apprenez-vous ?

OROÈS.

     Ces horribles secrets
Sont encor demeurés dans une nuit profonde.
Du sein de ce sépulcre, inaccessible au monde,
Les mânes de Ninus et les dieux outragés
Ont élevé leurs voix, et ne sont point vengés.

ARZACE.

Jugez de quelle horreur j'ai dû sentir l'atteinte.

Ici même, et du fond de cette auguste enceinte,
D'affreux gémissements sont vers moi parvenus.

OROÈS.

Ces accents de la mort sont la voix de Ninus.

ARZACE.

Deux fois à mon oreille ils se sont fait entendre.

OROÈS.

Ils demandent vengeance.

ARZACE.

Il a droit de l'attendre.
Mais de qui ?

OROÈS.

Les cruels dont les coupables mains
Du plus juste des rois ont privé les humains,
Ont de leurs trahisons caché la trame impie ;
Dans la nuit de la tombe elle est ensevelie.
Aisément des mortels ils ont séduit les yeux :
Mais on ne peut tromper l'œil vigilant des dieux ;
Des plus obscurs complots il perce les abîmes.

ARZACE.

Ah ! si ma faible main pouvait punir ces crimes !
Je ne sais ; mais l'aspect de ce fatal tombeau
Dans mes sens étonnés porte un trouble nouveau.
Ne puis-je y consulter ce roi qu'on y révère ?

OROÈS.

Non : le ciel le défend ; un oracle sévère
Nous interdit l'accès de ce séjour de pleurs,
Habité par la mort et par des dieux vengeurs.
Attendez avec moi le jour de la justice :
Il est temps qu'il arrive, et que tout s'accomplisse.
Je n'en puis dire plus ; des pervers éloigné,
Je lève en paix mes mains vers le ciel indigné.

Sur ce grand intérêt, qui peut-être vous touche,
Ce ciel, quand il lui plaît, ouvre et ferme ma bouche.
J'ai dit ce que j'ai dû; tremblez qu'en ces remparts
Une parole, un geste, un seul de vos regards,
Ne trahisse un secret que mon dieu vous confie.
Il y va de sa gloire, et du sort de l'Asie ;
Il y va de vos jours. Vous, mages, approchez ;
Que ces chers monuments sous l'autel soient cachés.
(La grande porte du palais s'ouvre et se remplit de gardes. Assur paraît avec sa suite d'un autre côté.)
Déja le palais s'ouvre; on entre chez la reine :
Vous voyez cet Assur, dont la grandeur hautaine
Traîne ici sur ses pas un peuple de flatteurs.
A qui, dieu tout-puissant, donnez-vous les grandeurs?
O monstre.

ARZACE.

Quoi, seigneur !

OROÈS.

Adieu. Quand la nuit sombre
Sur ces coupables murs viendra jeter son ombre,
Je pourrai vous parler en présence des dieux.
Redoutez-les, Arzace, ils ont sur vous les yeux.

SCÈNE IV.

ARZACE *sur le devant du théâtre, avec* MITRANE, *qui reste auprès de lui;* ASSUR *vers un des côtés, avec* CÉDAR *et sa suite.*

ARZACE.

DE tout ce qu'il m'a dit que mon âme est émue!
Quels crimes ! quelle cour ! et qu'elle est peu connue !
Quoi ! Ninus, quoi ! mon maître est mort empoisonné !
Et je ne vois que trop qu'Assur est soupçonné.

MITRANE, *approchant d'Arzace.*
Des rois de Babylone Assur tient sa naissance ;
Sa fière autorité veut de la déférence :
La reine le ménage, ou craint de l'offenser ;
Et l'on peut, sans rougir, devant lui s'abaisser.

ARZACE.
Devant lui ?

ASSUR, *dans l'enfoncement, à Cédar.*
Me trompé-je ? Arzace à Babylone !
Sans mon ordre ! qui ? lui ! tant d'audace m'étonne.

ARZACE.
Quel orgueil !

ASSUR.
Approchez : quels intérêts nouveaux
Vous font abandonner vos camps et vos drapeaux ?
Des rives de l'Oxus quel sujet vous amène ?

ARZACE.
Mes services, seigneur, et l'ordre de la reine.

ASSUR.
Quoi ! la reine vous mande ?

ARZACE.
Oui.

ASSUR.
Mais savez-vous bien
Que pour avoir son ordre on demande le mien ?

ARZACE.
Je l'ignorais, seigneur, et j'aurais pensé même
Blesser, en le croyant, l'honneur du diadème.
Pardonnez, un soldat est mauvais courtisan.
Nourri dans la Scythie, aux plaines d'Arbazan,
J'ai pu servir la cour, et non pas la connaître.

ACTE I, SCÈNE IV.

ASSUR.

L'âge, le temps, les lieux, vous l'apprendront peut-être;
Mais ici par moi seul au pied du trône admis,
Que venez-vous chercher près de Sémiramis?

ARZACE.

J'ose lui demander le prix de mon courage,
L'honneur de la servir.

ASSUR.

Vous osez davantage.
Vous ne m'expliquez pas vos vœux présomptueux :
Je sais pour Azéma vos desseins et vos feux.

ARZACE.

Je l'adore, sans doute, et son cœur où j'aspire
Est d'un prix à mes yeux au-dessus de l'empire :
Et mes profonds respects, mon amour...

ASSUR.

Arrêtez.
Vous ne connaissez pas à qui vous insultez.
Qui, vous! associer la race d'un Sarmate
Au sang des demi-dieux du Tigre et de l'Euphrate?
Je veux bien par pitié vous donner un avis :
Si vous osez porter jusqu'à Sémiramis
L'injurieux aveu que vous osez me faire,
Vous m'avez entendu, frémissez, téméraire;
Mes droits impunément ne sont pas offensés.

ARZACE.

J'y cours de ce pas même, et vous m'enhardissez :
C'est l'effet que sur moi fit toujours la menace.
Quels que soient en ces lieux les droits de votre place,
Vous n'avez pas celui d'outrager un soldat
Qui servit et la reine, et vous-même, et l'État.

Je vous parais hardi ; mon feu peut vous déplaire :
Mais vous me paraissez cent fois plus téméraire,
Vous qui, sous votre joug prétendant m'accabler,
Vous croyez assez grand pour me faire trembler.

ASSUR.

Pour vous punir peut-être ; et je vais vous apprendre
Quel prix de tant d'audace un sujet doit attendre.

ARZACE.

Tous deux nous l'apprendrons.

SCÈNE V.

SEMIRAMIS *paraît dans le fond, appuyée sur ses femmes;* OTANE, *son confident, va au-devant d'Assur.* ASSUR, ARZACE, MITRANE.

OTANE.

SEIGNEUR, quittez ces lieux.
La reine en ce moment se cache à tous les yeux ;
Respectez les douleurs de son âme éperdue.
Dieux, retirez la main sur sa tête éperdue.

ARZACE.

Que je la plains !

ASSUR, *à l'un des siens.*

Sortons ; et, sans plus consulter,
De ce trouble inouï songeons à profiter.

(*Sémiramis avance sur la scène.*)

OTANE, *revenant à Sémiramis.*

O reine, rappelez votre force première ;
Que vos yeux, sans horreur, s'ouvrent à la lumière.

SÉMIRAMIS.

O voiles de la mort, quand viendrez-vous couvrir
Mes yeux remplis de pleurs, et lassés de s'ouvrir ?

ACTE I, SCÈNE V.

*(Elle marche éperdue sur la scène, croyant voir
l'ombre de Ninus.)*

Abîmes, fermez-vous; fantôme horrible, arrête :
Frappe, ou cesse à la fin de menacer ma tête.
Arzace est-il venu ?

OTANE.

Madame, en cette cour,
Arzace auprès du temple a devancé le jour.

SÉMIRAMIS.

Cette voix formidable, infernale, ou céleste,
Qui dans l'ombre des nuits pousse un cri si funeste,
M'avertit que le jour qu'Arzace doit venir
Mes douloureux tourments seront prêts à finir.

OTANE.

Au sein de ces horreurs goûtez donc quelque joie ;
Espérez dans ces dieux dont le bras se déploie.

SÉMIRAMIS.

Arzace est dans ma cour !.. Ah ! je sens qu'à son nom
L'horreur de mon forfait trouble moins ma raison.

OTANE.

Perdez-en pour jamais l'importune mémoire ;
Que de Sémiramis les beaux jours pleins de gloire
Effacent ce moment heureux ou malheureux
Qui d'un fatal hymen brisa le joug affreux.
Ninus en vous chassant de son lit et du trône,
En vous perdant, madame, eût perdu Babylone.
Pour le bien des mortels vous prévîntes ses coups ;
Babylone et la terre avaient besoin de vous :
Et quinze ans de vertus et de travaux utiles,
Les arides déserts par vous rendus fertiles,
Les sauvages humains soumis au frein des lois,
Les arts dans nos cités naissant à votre voix,

Ces hardis monuments que l'univers admire,
Les acclamations de ce puissant empire,
Sont autant de témoins, dont le cri glorieux
A déposé pour vous au tribunal des dieux.
Enfin, si leur justice emportait la balance,
Si la mort de Ninus excitait leur vengeance,
D'où vient qu'Assur ici brave en paix leur courroux?
Assur fut en effet plus coupable que vous;
Sa main, qui prépara le breuvage homicide,
Ne tremble point pourtant, et rien ne l'intimide.

SÉMIRAMIS.

Nos destins, nos devoirs étaient trop différents;
Plus les nœuds sont sacrés, plus les crimes sont grands.
J'étais épouse, Otane, et je suis sans excuse;
Devant les dieux vengeurs mon désespoir m'accuse.
J'avais cru que ces dieux justement offensés,
En m'arrachant mon fils, m'avaient punie assez;
Que tant d'heureux travaux rendaient mon diadème,
Ainsi qu'au monde entier, respectable au ciel même.
Mais depuis quelques mois ce spectre furieux
Vient affliger mon cœur, mon oreille, mes yeux.
Je me traîne à la tombe, où je ne puis descendre;
J'y révère de loin cette fatale cendre;
Je l'invoque en tremblant : des sons, des cris affreux,
De longs gémissements répondent à mes vœux.
D'un grand évènement je me vois avertie,
Et peut-être il est temps que le crime s'expie.

OTANE.

Mais est-il assuré que ce spectre fatal
Soit en effet sorti du séjour infernal?
Souvent de ses erreurs notre âme est obsédée;
De son ouvrage même elle est intimidée,

Croit voir ce qu'elle craint, et, dans l'horreur des nuits,
Voit enfin les objets qu'elle-même a produits.

SÉMIRAMIS.

Je l'ai vu ; ce n'est point une erreur passagère
Qu'enfante du sommeil la vapeur mensongère ;
Le sommeil, à mes yeux refusant ses douceurs,
N'a point sur mes esprits répandu ses erreurs.
Je veillais, je pensais au sort qui me menace,
Lorsqu'au bord de mon lit j'entends nommer Arzace.
Ce nom me rassurait : tu sais quel est mon cœur ;
Assur depuis un temps l'a pénétré d'horreur.
Je frémis quand il faut ménager mon complice :
Rougir devant ses yeux est mon premier supplice,
Et je déteste en lui cet avantage affreux,
Que lui donne un forfait qui nous unit tous deux.
Je voudrais... mais faut-il, dans l'état qui m'opprime,
Par un crime nouveau punir sur lui mon crime ?
Je demandais Arzace, afin de l'opposer
Au complice odieux qui pense m'imposer ;
Je m'occupais d'Arzace, et j'étais moins troublée.
Dans ces moments de paix, qui m'avaient consolée,
Ce ministre de mort a reparu soudain
Tout dégouttant de sang, et le glaive à la main :
Je crois le voir encor, je crois encor l'entendre.
Vient-il pour me punir ? vient-il pour me défendre ?
Arzace au moment même arrivait dans ma cour ;
Le ciel à mon repos a réservé ce jour :
Cependant toute en proie au trouble qui me tue,
La paix ne rentre point dans mon âme abattue.
Je passe à tout moment de l'espoir à l'effroi.
Le fardeau de la vie est trop pesant pour moi.

Mon trône m'importune, et ma gloire passée
N'est qu'un nouveau tourment de ma triste pensée.
J'ai nourri mes chagrins sans les manifester;
Ma peur m'a fait rougir. J'ai craint de consulter
Ce mage révéré que chérit Babylone,
D'avilir devant lui la majesté du trône,
De montrer une fois en présence du ciel
Sémiramis tremblante aux regards d'un mortel.
Mais j'ai fait en secret, moins fière ou plus hardie,
Consulter Jupiter aux sables de Libye;
Comme si, loin de nous, le dieu de l'univers
N'eût mis la vérité qu'au fond de ces déserts.
Le dieu qui s'est caché dans cette sombre enceinte
A reçu dès long-temps mon hommage et ma crainte;
J'ai comblé ses autels et de dons et d'encens.
Répare-t-on le crime, hélas, par des présents?
De Memphis aujourd'hui j'attends une réponse.

SCÈNE VI.

SÉMIRAMIS, OTANE, MITRANE.

MITRANE.

Aux portes du palais en secret on annonce
Un prêtre de l'Égypte, arrivé de Memphis.

SÉMIRAMIS.

Je verrai donc mes maux ou comblés ou finis.
Allons; cachons surtout au reste de l'empire
Le trouble humiliant dont l'horreur me déchire;
Et qu'Arzace, à l'instant à mon ordre rendu,
Puisse apporter le calme à ce cœur éperdu.

FIN DU PREMIER ACTE.

ACTE SECOND.

SCÈNE I.
ARZACE, AZÉMA.

AZÉMA.

Arzace, écoutez-moi, cet empire indompté
Vous doit son nouveau lustre, et moi, ma liberté.
Quand les Scythes vaincus, réparant leurs défaites,
S'élancèrent sur nous de leurs vastes retraites,
Quand mon père en tombant me laissa dans leurs fers,
Vous seul, portant la foudre au fond de leurs déserts,
Brisâtes mes liens, remplîtes ma vengeance.
Je vous dois tout; mon cœur en est la récompense :
Je ne serai qu'à vous. Mais notre amour nous perd.
Votre cœur généreux, trop simple et trop ouvert,
A cru qu'en cette cour, ainsi qu'en votre armée,
Suivi de vos exploits et de la renommée,
Vous pouviez déployer, sincère impunément,
La fierté d'un héros, et le cœur d'un amant.
Vous outragez Assur, vous devez le connaître ;
Vous ne pouvez le perdre, il menace, il est maître ;
Il abuse en ces lieux de son pouvoir fatal ;
Il est inexorable... il est votre rival.

ARZACE.
Il vous aime ! qui ? lui !

AZÉMA.
    Ce cœur sombre et farouche,
Qui hait toute vertu, qu'aucun charme ne touche,

Ambitieux esclave, et tyran tour à tour,
S'est-il flatté de plaire, et connaît-il l'amour?
Des rois assyriens comme lui descendue,
Et plus près de ce trône où je suis attendue,
Il pense, en m'immolant à ses secrets desseins,
Appuyer de mes droits ses droits trop incertains.
Pour moi, si Ninias, à qui, dès sa naissance,
Ninus m'avait donnée aux jours de mon enfance;
Si l'héritier du sceptre à moi seule promis
Voyait encor le jour près de Sémiramis;
S'il me donnait son cœur avec le rang suprême,
J'en atteste l'amour, j'en jure par vous-même,
Ninias me verrait préférer aujourd'hui
Un exil avec vous, à ce trône avec lui.
Les campagnes du Scythe, et ses climats stériles,
Pleins de votre grand nom, sont d'assez doux asiles;
Le sein de ces déserts, où naquit notre amour,
Est pour moi Babylone, et deviendra ma cour.
Peut-être l'ennemi que cet amour outrage
A ce doux châtiment ne borne point sa rage.
J'ai démêlé son âme, et j'en vois la noirceur;
Le crime, ou je me trompe, étonne peu son cœur.
Votre gloire déja lui fait assez d'ombrage;
Il vous craint, il vous hait.

ARZACE.

     Je le hais davantage;
Mais je ne le crains pas, étant aimé de vous.
Conservez vos bontés, je brave son courroux.
La reine entre nous deux tient au moins la balance.
Je me suis vu d'abord admis en sa présence;
Elle m'a fait sentir, à ce premier accueil,
Autant d'humanité qu'Assur avait d'orgueil;

ACTE II, SCÈNE I.

Et relevant mon front, prosterné vers son trône,
M'a vingt fois appelé l'appui de Babylone.
Je m'entendais flatter de cette auguste voix
Dont tant de souverains ont adoré les lois ;
Je la voyais franchir cet immense intervalle
Qu'a mis entre elle et moi la majesté royale :
Que j'en étais touché ! qu'elle était à mes yeux
La mortelle, après vous, la plus semblable aux dieux !

AZÉMA.

Si la reine est pour nous, Assur en vain menace ;
Je ne crains rien.

ARZACE.

    J'allais, plein d'une noble audace,
Mettre à ses pieds mes vœux jusqu'à vous élevés,
Qui révoltent Assur, et que vous approuvez.
Un prêtre de l'Égypte approche au moment même,
Des oracles d'Ammon portant l'ordre suprême.
Elle ouvre le billet d'une tremblante main,
Fixe les yeux sur moi, les détourne soudain,
Laisse couler des pleurs, interdite, éperdue,
Me regarde, soupire, et s'échappe à ma vue.
On dit qu'au désespoir son grand cœur est réduit,
Que la terreur l'accable, et qu'un dieu la poursuit.
Je m'attendris sur elle ; et je ne puis comprendre
Qu'après plus de quinze ans, soigneux de la défendre,
Le ciel la persécute, et paraisse outragé.
Qu'a-t-elle fait aux dieux ? d'où vient qu'ils ont changé ?

AZÉMA.

On ne parle en effet que d'augures funestes,
De mânes en courroux, de vengeances célestes.
Sémiramis troublée a semblé quelques jours
Des soins de son empire abandonner le cours ;

Et j'ai tremblé qu'Assur, en ces jours de tristesse,
Du palais effrayé n'accablât la faiblesse.
Mais la reine a paru, tout s'est calmé soudain;
Tout a senti le poids du pouvoir souverain.
Si déja de la cour mes yeux ont quelque usage,
La reine hait Assur, l'observe, le ménage :
Ils se craignent l'un l'autre; et, tout près d'éclater,
Quelque intérêt secret semble les arrêter.
J'ai vu Sémiramis à son nom courroucée;
La rougeur de son front trahissait sa pensée;
Son cœur paraissait plein d'un long ressentiment :
Mais souvent à la cour tout change en un moment.
Retournez, et parlez.

ARZACE.

J'obéis; mais j'ignore
Si je puis à son trône être introduit encore.

AZÉMA.

Ma voix secondera vos vœux et votre espoir;
Je fais de vous aimer ma gloire et mon devoir.
Que de Sémiramis on adore l'empire,
Que l'Orient vaincu la respecte et l'admire,
Dans mon triomphe heureux j'envierai peu les siens.
Le monde est à ses pieds, mais Arzace est aux miens.
Allez. Assur paraît.

ARZACE.

Qui? ce traître? à sa vuē
D'une invincible horreur je sens mon âme émue.

SCÈNE II.

ASSUR, CÉDAR, ARZACE, AZÉMA.

ASSUR, à Cédar.

Va, dis-je, et vois enfin si les temps sont venus
De lui porter des coups trop long-temps retenus.
(Cédar sort.)
Quoi ! je le vois encore ! il brave encor ma haine !

ARZACE.

Vous voyez un sujet protégé par sa reine.

ASSUR.

Elle a daigné vous voir : mais vous a-t-elle appris
De l'orgueil d'un sujet quel est le digne prix ?
Savez-vous qu'Azéma, la fille de vos maîtres,
Ne doit unir son sang qu'au sang de ses ancêtres ?
Et que de Ninias épouse en son berceau...

ARZACE.

Je sais que Ninias, seigneur, est au tombeau,
Que son père avec lui mourut d'un coup funeste ;
Il me suffit.

ASSUR.

Eh bien ! apprenez donc le reste.
Sachez que de Ninus le droit m'est assuré ;
Qu'entre son trône et moi je ne vois qu'un degré ;
Que la reine m'écoute, et souvent sacrifie
A mes justes conseils un sujet qui s'oublie ;
Et que tous vos respects ne pourront effacer
Les téméraires vœux qui m'osaient offenser.

ARZACE.

Instruit à respecter le sang qui vous fit naître,
Sans redouter en vous l'autorité d'un maître,

Je sais ce qu'on vous doit, surtout en ces climats,
Et je m'en souviendrais, si vous n'en parliez pas.
Vos aïeux, dont Bélus a fondé la noblesse,
Sont votre premier droit au cœur de la princesse ;
Vos intérêts présents, le soin de l'avenir,
Le besoin de l'État, tout semble vous unir.
Moi, contre tant de droits, qu'il me faut reconnaître,
J'ose en opposer un qui les vaut tous peut-être :
J'aime ; et j'ajouterais, seigneur, que mon secours
A vengé ses malheurs, a défendu ses jours,
A soutenu ce trône où son destin l'appelle,
Si j'osais, comme vous, me vanter devant elle.
Je vais remplir son ordre à mon zèle commis ;
Je n'en reçois que d'elle, et de Sémiramis.
L'État peut quelque jour être en votre puissance ?
Le ciel donne souvent des rois dans sa vengeance :
Mais il vous trompe au moins dans l'un de vos projets,
Si vous comptez Arzace au rang de vos sujets.

ASSUR.

Tu combles la mesure, et tu cours à ta perte.

SCÈNE III.
ASSUR, AZÉMA.

ASSUR.

MADAME, son audace est trop long-temps soufferte.
Mais puis-je en liberté m'expliquer avec vous
Sur un sujet plus noble et plus digne de nous ?

AZÉMA.

En est-il ? mais parlez.

ASSUR.

Bientôt l'Asie entière
Sous vos pas et les miens ouvre une autre carrière :

Les faibles intérêts doivent peu nous frapper;
L'univers nous appelle, et va nous occuper.
Sémiramis n'est plus que l'ombre d'elle-même ;
Le ciel semble abaisser cette grandeur suprême :
Cet astre si brillant, si long-temps respecté,
Penche vers son déclin, sans force et sans clarté.
On le voit, on murmure, et déja Babylone
Demande à haute voix un héritier du trône.
Ce mot en dit assez, vous connaissez mes droits :
Ce n'est point à l'amour à nous donner des rois.
Non qu'à tant de beautés mon âme inaccessible
Se fasse une vertu de paraître insensible ;
Mais pour vous et pour moi j'aurais trop à rougir
Si le sort de l'État dépendait d'un soupir :
Un sentiment plus digne et de l'un et de l'autre
Doit gouverner mon sort, et commander au vôtre.
Vos aïeux sont les miens, et nous les trahissons,
Nous perdons l'univers, si nous nous divisons.
Je puis vous étonner ; cet austère langage
Effarouche aisément les grâces de votre âge ;
Mais je parle aux héros, aux rois dont vous sortez,
A tous ces demi-dieux que vous représentez.
Long-temps, foulant aux pieds leur grandeur et leur cendre.
Usurpant un pouvoir où nous devons prétendre,
Donnant aux nations ou des lois, ou des fers,
Une femme imposa silence à l'univers.
De sa grandeur qui tombe affermissez l'ouvrage ;
Elle eut votre beauté, possédez son courage.
L'amour à vos genoux ne doit se présenter
Que pour vous rendre un sceptre, et non pour vous l'ôter.
C'est ma main qui vous l'offre, et du moins je me flatte
Que vous n'immolez pas à l'amour d'un Sarmate

La majesté d'un nom qu'il vous faut respecter,
Et le trône du monde où vous devez monter.

AZÉMA.

Reposez-vous sur moi, sans insulter Arzace,
Du soin de maintenir la splendeur de ma race.
Je défendrai surtout, quand il en sera temps,
Les droits que m'ont transmis les rois dont je descends.
Je connais nos aïeux ; mais après tout j'ignore
Si parmi ces héros que l'Assyrie adore,
Il en est un plus grand, plus chéri des humains,
Que ce même Sarmate, objet de vos dédains.
Aux vertus, croyez-moi, rendez plus de justice.
Pour moi, quand il faudra que l'hymen m'asservisse,
C'est à Sémiramis à faire mes destins ;
Et j'attendrai, seigneur, un maître de ses mains.
J'écoute peu ces bruits que le peuple répète,
Échos tumultueux d'une voix plus secrète.
J'ignore si vos chefs, aux révoltes poussés,
De servir une femme en secret sont lassés ;
Je les vois à ses pieds baisser leur tête altière ;
Ils peuvent murmurer, mais c'est dans la poussière.
Les dieux, dit-on, sur elle ont étendu leur bras :
J'ignore son offense, et je ne pense pas,
Si le ciel a parlé, seigneur, qu'il vous choisisse
Pour annoncer son ordre, et servir sa justice.
Elle règne, en un mot. Et vous qui gouvernez,
Vous prenez à ses pieds les lois que vous donnez ;
Je ne connais ici que son pouvoir suprême :
Ma gloire est d'obéir ; obéissez de même.

SCÈNE IV.

ASSUR, CÉDAR.

ASSUR.

Obéir! ah! ce mot fait trop rougir mon front;
J'en ai trop dévoré l'insupportable affront.
Parle, as-tu réussi? Ces semences de haine,
Que nos soins en secret cultivaient avec peine,
Pourront-elles porter, au gré de ma fureur,
Les fruits que j'en attends de discorde et d'horreur?

CÉDAR.

J'ose espérer beaucoup. Le peuple enfin commence
A sortir du respect, et de ce long silence
Où le nom, les exploits, l'art de Sémiramis,
Ont enchaîné les cœurs étonnés et soumis.
On veut un successeur au trône d'Assyrie;
Et quiconque, seigneur, aime encor la patrie,
Ou qui, gagné par moi, se vante de l'aimer,
Dit qu'il nous faut un maître, et qu'il faut vous nommer.

ASSUR.

Chagrins toujours cuisants! honte toujours nouvelle!
Quoi! ma gloire, mon rang, mon destin dépend d'elle!
Quoi! j'aurais fait mourir et Ninus et son fils,
Pour ramper le premier devant Sémiramis,
Pour languir, dans l'éclat d'une illustre disgrace,
Près du trône du monde à la seconde place!
La reine se bornait à la mort d'un époux;
Mais j'étendis plus loin ma fureur et mes coups :
Ninias, en secret privé de la lumière,
Du trône où j'aspirais m'entr'ouvrait la barrière,

Quand sa puissante main la ferma sous mes pas.
C'est en vain que, flattant l'orgueil de ses appas,
J'avais cru chaque jour prendre sur sa jeunesse
Cet heureux ascendant que les soins, la souplesse,
L'attention, le temps, savent si bien donner
Sur un cœur sans dessein, facile à gouverner.
Je connus mal cette âme, inflexible et profonde :
Rien ne la put toucher que l'empire du monde.
Elle en parut trop digne, il le faut avouer :
Je suis dans mes fureurs contraint à la louer.
Je la vis retenir dans ses mains assurées
De l'État chancelant les rênes égarées,
Apaiser le murmure, étouffer les complots,
Gouverner en monarque, et combattre en héros.
Je la vis captiver et le peuple et l'armée.
Ce grand art d'imposer même à la renommée
Fut l'art qui sous son joug enchaîna les esprits :
L'univers à ses pieds demeure encor surpris.
Que dis-je? sa beauté, ce flatteur avantage,
Fit adorer les lois qu'imposa son courage ;
Et, quand dans mon dépit j'ai voulu conspirer,
Mes amis consternés n'ont su que l'admirer.

CÉDAR.

Ce charme se dissipe, et ce pouvoir chancelle ;
Son génie égaré semble s'éloigner d'elle.
Un vain remords la trouble ; et sa crédulité
A depuis quelque temps en secret consulté
Ces oracles menteurs d'un temple méprisable,
Que les fourbes d'Égypte ont rendu vénérable.
Son encens et ses vœux fatiguent les autels ;
Elle devient semblable au reste des mortels :
Elle a connu la crainte.

ASSUR.

Accablons sa faiblesse.
Je ne puis m'élever qu'autant qu'elle s'abaisse.
De Babylone au moins j'ai fait parler la voix :
Sémiramis enfin va céder une fois.
Ce premier coup porté, sa ruine est certaine.
Me donner Azéma, c'est cesser d'être reine ;
Oser me refuser, soulève ses États ;
Et de tous les côtés le piège est sous ses pas.
Mais peut-être, après tout, quand je crois la surprendre,
J'ai lassé ma fortune à force de l'attendre.

CÉDAR.

Si la reine vous cède et nomme un héritier,
Assur de son destin peut-il se défier ?
De vous et d'Azéma l'union désirée
Rejoindra de nos rois la tige séparée.
Tout vous porte à l'empire, et tout parle pour vous.

ASSUR.

Pour Azéma sans doute il n'est point d'autre époux.
Mais pourquoi de si loin faire venir Arzace ?
Elle a favorisé son insolente audace.
Tout prêt à le punir, je me vois retenu
Par cette même main dont il est soutenu.
Prince, mais sans sujets, ministre et sans puissance,
Environné d'honneurs, et dans la dépendance,
Tout m'afflige, une amante, un jeune audacieux,
Des prêtres consultés, qui font parler leurs dieux,
Sémiramis enfin toujours en défiance,
Qui me ménage à peine, et qui craint ma présence.
Nous verrons si l'ingrate avec impunité
Ose pousser à bout un complice irrité.
(*Il veut sortir.*)

SCÈNE V.
ASSUR, OTANE, CÉDAR.

OTANE.

Seigneur, Sémiramis vous ordonne d'attendre;
Elle veut en secret vous voir et vous entendre,
Et de cet entretien qu'aucun ne soit témoin.

ASSUR.

A ses ordres sacrés j'obéis avec soin,
Otane, et j'attendrai sa volonté suprême.

SCÈNE VI.
ASSUR, CÉDAR.

ASSUR.

Eh! d'où peut donc venir ce changement extrême?
Depuis près de trois mois, je lui semble odieux,
Mon aspect importun lui fait baisser les yeux.
Toujours quelque témoin nous voit et nous écoute.
De nos froids entretiens, qui lui pèsent sans doute,
Ses soudaines frayeurs interrompent le cours;
Son silence souvent répond à mes discours.
Que veut-elle me dire? ou que veut-elle apprendre?
Elle avance vers nous; c'est elle. Va m'attendre.

SCÈNE VII.
SÉMIRAMIS, ASSUR.

SÉMIRAMIS.

Seigneur, il faut enfin que je vous ouvre un cœur
Qui long-temps devant vous dévora sa douleur.
J'ai gouverné l'Asie, et peut-être avec gloire;
Peut-être Babylone, honorant ma mémoire,

Mettra Sémiramis à côté des grands rois.
Vos mains de mon empire ont soutenu le poids.
Partout victorieuse, absolue, adorée,
De l'encens des humains je vivais enivrée :
Tranquille, j'oubliai, sans crainte et sans ennuis,
Quel degré m'éleva dans ce rang où je suis.
Des dieux dans mon bonheur j'oubliai la justice ;
Elle parle, je cède : et ce grand édifice,
Que je crus à l'abri des outrages du temps,
Veut être raffermi jusqu'en ses fondements.

ASSUR.

Madame, c'est à vous d'achever votre ouvrage,
De commander au temps, de prévoir son outrage.
Qui pourrait obscurcir des jours si glorieux ?
Quand la terre obéit, que craignez-vous des dieux ?

SÉMIRAMIS.

La cendre de Ninus repose en cette enceinte,
Et vous me demandez le sujet de ma crainte ?
Vous !

ASSUR.

 Je vous avouerai que je suis indigné
Qu'on se souvienne encor si Ninus a régné.
Craint-on après quinze ans ses mânes en colère ?
Ils se seraient vengés, s'ils avaient pu le faire.
D'un éternel oubli ne tirez point les morts.
Je suis épouvanté, mais c'est de vos remords.
Ah ! ne consultez point d'oracles inutiles :
C'est par la fermeté qu'on rend les dieux faciles.
Ce fantôme inouï qui paraît en ce jour,
Qui naquit de la crainte et l'enfante à son tour,
Peut-il vous effrayer par tous ses vains prestiges ?
Pour qui ne les craint point, il n'est point de prodiges ;

Ils sont l'appât grossier des peuples ignorants,
L'invention du fourbe, et le mépris des grands.
Mais si quelque intérêt plus noble et plus solide
Éclaire votre esprit qu'un vain trouble intimide,
S'il vous faut de Bélus éterniser le sang,
Si la jeune Azéma prétend à ce haut rang....

SÉMIRAMIS.

Je viens vous en parler. Ammon et Babylone
Demandent sans détour un héritier du trône.
Il faut que de mon sceptre on partage le faix,
Et le peuple et les dieux vont être satisfaits.
Vous le savez assez, mon superbe courage
S'était fait une loi de régner sans partage :
Je tins sur mon hymen l'univers en suspens;
Et quand la voix du peuple, à la fleur de mes ans,
Cette voix qu'aujourd'hui le ciel même seconde,
Me pressait de donner des souverains au monde :
Si quelqu'un put prétendre au nom de mon époux,
Cet honneur, je le sais, n'appartenait qu'à vous ;
Vous deviez l'espérer : mais vous pûtes connaître
Combien Sémiramis craignait d'avoir un maître.
Je vous fis, sans former un lien si fatal,
Le second de la terre, et non pas mon égal.
C'était assez, seigneur ; et j'ai l'orgueil de croire
Que ce rang aurait pu suffire à votre gloire.
Le ciel me parle enfin ; j'obéis à sa voix :
Écoutez son oracle, et recevez mes lois.
« Babylone doit prendre une face nouvelle,
« Quand d'un second hymen allumant le flambeau,
« Mère trop malheureuse, épouse trop cruelle,
« Tu calmeras Ninus au fond de son tombeau. »

C'est ainsi que des dieux l'ordre éternel s'explique.
Je connais vos desseins et votre politique;
Vous voulez dans l'État vous former un parti;
Vous m'opposez le sang dont vous êtes sorti.
De vous et d'Azéma mon successeur peut naître;
Vous briguez cet hymen, elle y prétend peut-être.
Mais moi, je ne veux pas que vos droits et les siens,
Ensemble confondus, s'arment contre les miens :
Telle est ma volonté, constante, irrévocable.
C'est à vous de juger si le dieu qui m'accable
A laissé quelque force à mes sens interdits,
Si vous reconnaissez encor Sémiramis,
Si je puis soutenir la majesté du trône.
Je vais donner, seigneur, un maître à Babylone.
Mais soit qu'un si grand choix honore un autre c
Je serai souveraine en prenant un époux.
Assemblez seulement les princes et les mages;
Qu'ils viennent à ma voix joindre ici leurs suffi
Le don de mon empire et de ma liberté
Est l'acte le plus grand de mon autorité;
Loin de le prévenir, qu'on l'attende en silence.
Le ciel à ce grand jour attache sa clémence;
Tout m'annonce des dieux qui daignent se calmer.
Mais c'est le repentir qui doit les désarmer.
Croyez-moi; les remords, à vos yeux méprisables,
Sont la seule vertu qui reste à des coupables.
Je vous parais timide et faible; désormais
Connaissez la faiblesse, elle est dans les forfaits.
Cette crainte n'est pas honteuse au diadème;
Elle convient aux rois, et surtout à vous-même :
Et je vous apprendrai qu'on peut, sans s'avilir
S'abaisser sous les dieux, les craindre, et les servir.

SCÈNE VIII.

ASSUR, seul.

QUELS discours étonnants ! quels projets ! quel langage ?
Est-ce crainte, artifice, ou faiblesse, ou courage ?
Prétend-elle, en cédant, raffermir ses destins ?
Et s'unit-elle à moi pour tromper mes desseins ?
A l'hymen d'Azéma je ne dois point prétendre !
C'est m'assurer du sien que je dois seul attendre.
Ce que n'ont pu mes soins et nos communs forfaits,
L'hommage dont jadis je flattai ses attraits,
Mes brigues, mon dépit, la crainte de sa chute,
Un oracle d'Égypte, un songe l'exécute !
Quel pouvoir inconnu gouverne les humains !
Que de faibles ressorts font d'illustres destins !
Doutons encor de tout ; voyons encor la reine.
Sa résolution me paraît trop soudaine ;
Trop de soins à mes yeux paraissent l'occuper :
Et qui change aisément est faible, ou veut tromper.

FIN DU SECOND ACTE.

ACTE TROISIÈME.

(Le théâtre représente un cabinet du palais.)

SCÈNE I.
SÉMIRAMIS, OTANE.

SÉMIRAMIS.

Otane, qui l'eût cru, que les dieux en colère
Me tendaient en effet une main salutaire,
Qu'ils ne m'épouvantaient que pour se désarmer ?
Ils ont ouvert l'abîme, et l'ont daigné fermer :
C'est la foudre à la main qu'ils m'ont donné ma grâce ;
Ils ont changé mon sort, ils ont conduit Arzace,
Ils veulent mon hymen ; ils veulent expier,
Par ce lien nouveau, les crimes du premier.
Non, je ne doute plus que des cœurs ils disposent :
Le mien vole au-devant de la loi qu'ils m'imposent.
Arzace, c'en est fait, je me rends, et je voi
Que tu devais régner sur le monde et sur moi.

OTANE.

Arzace, lui ?

SÉMIRAMIS.

  Tu sais qu'aux plaines de Scythie,
Quand je vengeais la Perse et subjuguais l'Asie,
Ce héros (sous son père il combattait alors),
Ce héros, entouré de captifs et de morts,
M'offrit en rougissant, de ses mains triomphantes,
Des ennemis vaincus les dépouilles sanglantes.

A son premier aspect tout mon cœur étonné
Par un pouvoir secret se sentit entraîné ;
Je n'en pus affaiblir le charme inconcevable,
Le reste des mortels me sembla méprisable.
Assur, qui m'observait, ne fut que trop jaloux ;
Dès-lors le nom d'Arzace aigrissait son courroux :
Mais l'image d'Arzace occupa ma pensée,
Avant que de nos dieux la main ne l'eût tracée,
Avant que cette voix qui commande à mon cœur
Me désignât Arzace, et nommât mon vainqueur.

OTANE.

C'est beaucoup abaisser ce superbe courage
Qui des maîtres du Gange a dédaigné l'hommage,
Qui, n'écoutant jamais de faibles sentiments,
Veut des rois pour sujets et non pas pour amants.
Vous avez méprisé jusqu'à la beauté même,
Dont l'empire accroissait votre empire suprême ;
Et vos yeux sur la terre exerçaient leur pouvoir,
Sans que vous daignassiez vous en apercevoir.
Quoi ! de l'amour enfin connaissez-vous les charmes ?
Et pouvez-vous passer de ces sombres alarmes
Au tendre sentiment qui vous parle aujourd'hui ?

SÉMIRAMIS.

Non, ce n'est point l'amour qui m'entraîne vers lui :
Mon âme par les yeux ne peut être vaincue.
Ne crois pas qu'à ce point de mon rang descendue,
Écoutant dans mon trouble un charme suborneur,
Je donne à la beauté le prix de la valeur ;
Je crois sentir du moins de plus nobles tendresses.
Malheureuse ! est-ce à moi d'éprouver des faiblesses,
De connaître l'amour et ses fatales lois ?
Otane, que veux-tu ? je fus mère autrefois ;

ACTE III, SCÈNE I.

Mes malheureuses mains à peine cultivèrent
Ce fruit d'un triste hymen que les dieux m'enlevèrent.
Seule, en proie aux chagrins qui venaient m'alarmer,
N'ayant autour de moi rien que je pusse aimer,
Sentant ce vide affreux de ma grandeur suprême,
M'arrachant à ma cour et m'évitant moi-même,
J'ai cherché le repos dans ces grands monuments,
D'une âme qui se fuit trompeurs amusements.
Le repos m'échappait; je sens que je le trouve :
Je m'étonne en secret du charme que j'éprouve;
Arzace me tient lieu d'un époux et d'un fils,
Et de tous mes travaux, et du monde soumis.
Que je vous dois d'encens, ô puissance céleste,
Qui, me forçant de prendre un joug jadis funeste,
Me préparez au nœud que j'avais abhorré,
En m'embrasant d'un feu par vous-même inspiré !

OTANE.

Mais vous avez prévu la douleur et la rage
Dont va frémir Assur à ce nouvel outrage;
Car enfin il se flatte, et la commune voix
A fait tomber sur lui l'honneur de votre choix :
Il ne bornera pas son dépit à se plaindre.

SÉMIRAMIS.

Je ne l'ai point trompé, je ne veux pas le craindre.
J'ai su quinze ans entiers, quel que fût son projet,
Le tenir dans le rang de mon premier sujet :
A son ambition, pour moi toujours suspecte,
Je prescrivis quinze ans les bornes qu'il respecte.
Je régnais seule alors : et si ma faible main
Mit à ses vœux hardis ce redoutable frein;
Que pourront désormais sa brigue et son audace
Contre Sémiramis unie avec Arzace ?

Oui, je crois que Ninus, content de mes remords,
Pour presser cet hymen quitte le sein des morts.
Sa grande ombre en effet, déjà trop offensée,
Contre Sémiramis serait trop courroucée;
Elle verrait donner, avec trop de douleur,
Sa couronne et son lit à son empoisonneur.
Du sein de son tombeau voilà ce qui l'appelle;
Les oracles d'Ammon s'accordent avec elle;
La vertu d'Oroès ne me fait plus trembler;
Pour entendre mes lois, je l'ai fait appeler;
Je l'attends.

OTANE.

Son crédit, son sacré caractère,
Peut appuyer le choix que vous prétendez faire.

SÉMIRAMIS.

Sa voix achèvera de rassurer mon cœur.

OTANE.

Il vient.

SCÈNE II.

SÉMIRAMIS, OROÈS.

SÉMIRAMIS.

DE Zoroastre auguste successeur,
Je vais nommer un roi; vous, couronnez sa tête.
Tout est-il préparé pour cette auguste fête?

OROÈS.

Les mages et les grands attendent votre choix;
Je remplis mon devoir et j'obéis aux rois :
Le soin de les juger n'est point notre partage;
C'est celui des dieux seuls.

ACTE III, SCÈNE II.

SÉMIRAMIS.
A ce sombre langage
On dirait qu'en secret vous condamnez mes vœux.
OROÈS.
Je ne les connais pas; puissent-ils être heureux!
SÉMIRAMIS.
Mais vous interprétez les volontés célestes.
Ces signes que j'ai vus me seraient-ils funestes?
Une ombre, un dieu peut-être, à mes yeux s'est montré;
Dans le sein de la terre il est soudain rentré.
Quel pouvoir a brisé l'éternelle barrière
Dont le ciel sépara l'enfer et la lumière?
D'où vient que les humains, malgré l'arrêt du sort,
Reviennent à mes yeux du séjour de la mort?
OROÈS.
Du ciel, quand il le faut, la justice suprême
Suspend l'ordre éternel établi par lui-même;
Il permet à la mort d'interrompre ses lois
Pour l'effroi de la terre et l'exemple des rois.
SÉMIRAMIS.
Les oracles d'Ammon veulent un sacrifice.
OROÈS.
Il se fera, madame.
SÉMIRAMIS.
Éternelle justice,
Qui lisez dans mon âme avec des yeux vengeurs,
Ne la remplissez plus de nouvelles horreurs;
De mon premier hymen oubliez l'infortune.
(A Oroès qui s'éloignait.)
Revenez.
OROÈS, *revenant.*
Je croyais ma présence importune.

SÉMIRAMIS.

Répondez : ce matin au pied de vos autels
Arzace a présenté des dons aux immortels?

OROÈS.

Oui, ces dons leur sont chers ; Arzace a su leur plaire.

SÉMIRAMIS.

Je le crois, et ce mot me rassure et m'éclaire.
Puis-je d'un sort heureux me reposer sur lui?

OROÈS.

Arzace de l'empire est le plus digne appui ;
Les dieux l'ont amené ; sa gloire est leur ouvrage.

SÉMIRAMIS.

J'accepte avec transport ce fortuné présage ;
L'espérance et la paix reviennent me calmer.
Allez ; qu'un pur encens recommence à fumer.
De vos mages, de vous, que la présence auguste
Sur l'hymen le plus grand, sur le choix le plus juste,
Attire de nos dieux les regards souverains.
Puissent de cet État les éternels destins
Reprendre avec les miens une splendeur nouvelle !
Hâtez de ce beau jour la pompe solennelle.
Allez.

SCÈNE III.

SÉMIRAMIS, OTANE.

SÉMIRAMIS.

Ainsi le ciel est d'accord avec moi ;
Je suis son interprète en choisissant un roi.
Que je vais l'étonner par le don d'un empire !
Qu'il est loin d'espérer ce moment où j'aspire !

ACTE III, SCÈNE III.

Qu'Assur et tous les siens vont être humiliés !
Quand j'aurai dit un mot, la terre est à ses pieds.
Combien à mes bontés il faudra qu'il réponde !
Je l'épouse, et pour dot je lui donne le monde.
Enfin ma gloire est pure, et je puis la goûter.

SCÈNE IV.

SÉMIRAMIS, OTANE, MITRANE, UN OFFICIER DU PALAIS.

OTANE.

Arzace à vos genoux demande à se jeter :
Daignez à ses douleurs accorder cette grâce.

SÉMIRAMIS.

Quel chagrin près de moi peut occuper Arzace ?
De mes chagrins lui seul a dissipé l'horreur :
Qu'il vienne ; il ne sait pas ce qu'il peut sur mon cœur.
Vous dont le sang s'apaise, et dont la voix m'inspire,
O mânes redoutés, et vous, dieux de l'empire,
Dieux des Assyriens, de Ninus, de mon fils,
Pour le favoriser soyez tous réunis.
Quel trouble en le voyant m'a soudain pénétrée !

SCÈNE V.

SÉMIRAMIS, ARZACE, AZÉMA.

ARZACE.

O reine, à vous servir ma vie est consacrée :
Je vous devais mon sang ; et quand je l'ai versé,
Puisqu'il coula pour vous, je fus récompensé.
Mon père avoit joui de quelque renommée,
Mes yeux l'ont vu mourir commandant votre armée :

Il a laissé, madame, à son malheureux fils
Des exemples frappants, peut-être mal suivis.
Je n'ose devant vous rappeler la mémoire
Des services d'un père et de sa faible gloire,
Qu'afin d'obtenir grâce à vos sacrés genoux
Pour un fils téméraire, et coupable envers vous,
Qui, de ses vœux hardis écoutant l'imprudence,
Craint, même en vous servant, de vous faire une offense.

SÉMIRAMIS.

Vous, m'offenser? qui, vous? ah! ne le craignez pas.

ARZACE.

Vous donnez votre main, vous donnez vos États.
Sur ces grands intérêts, sur ce choix que vous faites,
Mon cœur doit renfermer ses plaintes indiscrètes :
Je dois dans le silence, et le front prosterné,
Attendre avec cent rois qu'un roi nous soit donné.
Mais d'Assur hautement le triomphe s'apprête;
D'un pas audacieux il marche à sa conquête,
Le peuple nomme Assur; il est de votre sang;
Puisse-t-il mériter et son nom et son rang!
Mais enfin je me sens l'âme trop élevée
Pour adorer ici la main que j'ai bravée,
Pour me voir écrasé de son orgueil jaloux.
Souffrez que loin de lui, malgré moi loin de vous,
Je retourne aux climats où je vous ai servie.
J'y suis assez puissant contre sa tyrannie,
Si des bienfaits nouveaux dont j'ose me flatter...

SÉMIRAMIS.

Ah! que m'avez-vous dit? vous, fuir! vous, me quitter!
Vous pourriez craindre Assur?

ACTE III, SCÈNE V.

ARZACE.

Non ; ce cœur téméraire
Craint dans le monde entier votre seule colère.
Peut-être avez-vous su mes désirs orgueilleux :
Votre indignation peut confondre mes vœux.
Je tremble.

SÉMIRAMIS.

Espérez tout ; je vous ferai connoître
Qu'Assur en aucun temps ne sera votre maître.

ARZACE.

Eh bien ! je l'avouerai, mes yeux avec horreur
De votre époux en lui verraient le successeur.
Mais s'il ne peut prétendre à ce grand hyménée,
Verra-t-on à ses lois Azéma destinée ?
Pardonnez à l'excès de ma présomption ;
Ne redoutez-vous point sa sourde ambition ?
Jadis à Ninias Azéma fut unie ;
C'est dans le même sang qu'Assur puisa la vie ;
Je ne suis qu'un sujet, mais j'ose contre lui...

SÉMIRAMIS.

Des sujets tels que vous sont mon plus noble appui.
Je sais vos sentiments ; votre âme peu commune
Chérit Sémiramis, et non pas ma fortune.
Sur mes vrais intérêts vos yeux sont éclairés ;
Je vous en fais l'arbitre, et vous les soutiendrez.
D'Assur et d'Azéma je romps l'intelligence ;
J'ai prévu les dangers d'une telle alliance ;
Je sais tous ses projets, ils seront confondus.

ARZACE.

Ah ! puisque ainsi mes vœux sont par vous entendus,
Puisque vous avez lu dans le fond de mon âme...

AZÉMA *arrive avec précipitation.*

Reine, j'ose à vos pieds...

SÉMIRAMIS, *relevant Azéma.*

Rassurez-vous, madame :
Quel que soit mon époux, je vous garde en ces lieux
Un sort et des honneurs dignes de vos aïeux.
Destinée à mon fils, vous m'êtes toujours chère,
Et je vous vois encore avec des yeux de mère.
Placez-vous l'un et l'autre avec ceux que ma voix
A nommés pour témoins de mon auguste choix.

(*A Arzace.*)

Que l'appui de l'État se range auprès du trône.

SCÈNE VI.

(Le cabinet où était Sémiramis fait place à un grand salon magnifiquement orné. Plusieurs officiers, avec les marques de leurs dignités, sont sur des gradins. Un trône est placé au milieu du salon. Les satrapes sont auprès du trône. Le grand-prêtre entre avec les mages. Il se place debout entre Assur et Arzace. La reine est au milieu avec Azéma et ses femmes. Des gardes occupent le fond du salon.)

OROÈS.

Princes, mages, guerriers, soutiens de Babylone,
Par l'ordre de la reine en ces lieux rassemblés,
Les décrets de nos dieux vous seront révélés :
Ils veillent sur l'empire ; et voici la journée
Qu'à de grands changements ils avaient destinée.
Quel que soit le monarque et quel que soit l'époux
Que la reine ait choisi pour l'élever sur nous,
C'est à nous d'obéir... J'apporte au nom des mages

ACTE III, SCÈNE VI.

Ce que je dois aux rois, des vœux et des hommages,
Des souhaits pour leur gloire, et surtout pour l'État.
Puissent ces jours nouveaux de grandeur et d'éclat
N'être jamais changés en des jours de ténèbres,
Ni ces chants d'allégresse en des plaintes funèbres !

AZÉMA.

Pontife, et vous, seigneurs, on va nommer un roi :
Ce grand choix, quel qu'il soit, peut n'offenser que moi.
Mais je naquis sujette, et je le suis encore ;
Je m'abandonne aux soins dont la reine m'honore ;
Et, sans oser prévoir un sinistre avenir,
Je donne à ses sujets l'exemple d'obéir.

ASSUR.

Quoi qu'il puisse arriver, quoi que le ciel décide,
Que le bien de l'État à ce grand jour préside.
Jurons tous par ce trône, et par Sémiramis,
D'être à ce choix auguste aveuglément soumis,
D'obéir sans murmure au gré de sa justice.

ARZACE.

Je le jure ; et ce bras armé pour son service,
Ce cœur à qui sa voix commande après les dieux,
Ce sang dans les combats répandu sous ses yeux,
Sont à mon nouveau maître avec le même zèle
Qui sans se démentir les anima pour elle.

OROÈS.

De la reine et des dieux j'attends les volontés.

SÉMIRAMIS.

Il suffit ; prenez place ; et vous, peuple, écoutez.
          (*Elle s'assied sur le trône.*)
*Azéma, Assur, le grand-prêtre, Arzace, prennent
        leurs places ; elle continue :*
Si la terre, quinze ans de ma gloire occupée,

Révéra dans ma main le sceptre avec l'épée,
Dans cette même main qu'un usage jaloux
Destinait au fuseau sous les lois d'un époux ;
Si j'ai, de mes sujets surpassant l'espérance,
De cet empire heureux porté le poids immense,
Je vais le partager pour le mieux maintenir,
Pour étendre sa gloire aux siècles à venir,
Pour obéir aux dieux dont l'ordre irrévocable
Fléchit ce cœur altier si long-temps indomtable.
Ils m'ont ôté mon fils ; puissent-ils m'en donner
Qui, dignes de me suivre et de vous gouverner,
Marchant dans les sentiers que fraya mon courage,
Des grandeurs de mon règne éternisent l'ouvrage !
J'ai pu choisir, sans doute, entre des souverains ;
Mais ceux dont les États entourent mes confins,
Ou sont mes ennemis, ou sont mes tributaires :
Mon sceptre n'est point fait pour leurs mains étrangères,
Et mes premiers sujets sont plus grands à mes yeux
Que tous ces rois vaincus par moi-même ou par eux.
Bélus naquit sujet ; s'il eut le diadème,
Il le dut à ce peuple, il le dut à lui-même.
J'ai par les mêmes droits le sceptre que je tiens.
Maîtresse d'un État plus vaste que les siens,
J'ai rangé sous vos lois vingt peuples de l'aurore,
Qu'au siècle de Bélus on ignorait encore.
Tout ce qu'il entreprit je le sus achever.
Ce qui fonde un État le peut seul conserver.
Il vous faut un héros digne d'un tel empire,
Digne de tels sujets, et, si j'ose le dire,
Digne de cette main qui va le couronner,
Et du cœur indomté que je vais lui donner.

J'ai consulté les lois, les maîtres du tonnerre,
L'intérêt de l'État, l'intérêt de la terre :
Je fais le bien du monde en nommant un époux.
Adorez le héros qui va régner sur vous ;
Voyez revivre en lui les princes de ma race.
Ce héros, cet époux, ce monarque est Arzace.
 (*Elle descend du trône, et tout le monde se lève.*)

AZÉMA.

Arzace ! ô perfidie !

ASSUR.

O vengeance ! ô fureurs !

ARZACE, *à Azéma.*

Ah ! croyez...

OROÈS.

Juste ciel ! écartez ces horreurs !

SÉMIRAMIS, *avançant sur la scène et s'adressant aux mages.*

Vous qui sanctifiez de si pures tendresses,
Venez sur les autels garantir nos promesses ;
Ninus et Ninias vous sont rendus en lui.
(*Le tonnerre gronde, et le tombeau paraît s'ébranler.*)
Ciel, qu'est-ce que j'entends ?

OROÈS.

Dieux ! soyez notre appui.

SÉMIRAMIS.

Le ciel tonne sur nous : est-ce faveur, ou haine ?
Grâce, dieux tout-puissants ! qu'Arzace me l'obtienne.
Quels funèbres accents redoublent mes terreurs !
La tombe s'est ouverte : il paraît... Ciel !... je meurs...
(*L'ombre de Ninus sort de son tombeau.*)

ASSUR.

L'ombre de Ninus même ! ô dieux ! est-il possible ?

ARZACE.

Eh bien ! qu'ordonnes-tu ? parle-nous, dieu terrible.

ASSUR.

Parle.

SÉMIRAMIS.

Veux-tu me perdre ? ou veux-tu pardonner ?
C'est ton sceptre et ton lit que je viens de donner ;
Juge si ce héros est digne de ta place.
Prononce ; j'y consens.

L'OMBRE, *à Arzace.*

Tu règneras, Arzace ;
Mais il est des forfaits que tu dois expier.
Dans ma tombe, à ma cendre il faut sacrifier.
Sers et mon fils et moi ; souviens-toi de ton père :
Écoute le pontife.

ARZACE.

Ombre que je révère,
Demi-dieu dont l'esprit anime ces climats,
Ton aspect m'encourage et ne m'étonne pas.
Oui, j'irai dans ta tombe au péril de ma vie.
Achève ; que veux-tu que ma main sacrifie ?

(*L'Ombre retourne de son estrade à la porte du tombeau.*)

Il s'éloigne, il nous fuit !

SÉMIRAMIS.

Ombre de mon époux,
Permets qu'en ce tombeau j'embrasse tes genoux,
Que mes regrets...

L'OMBRE, *à la porte du tombeau.*

Arrête, et respecte ma cendre ;
Quand il en sera temps, je t'y ferai descendre.

(*Le spectre rentre, et le mausolée se referme.*)

ACTE III, SCÈNE VI.

ASSUR.

Quel horrible prodige !

SÉMIRAMIS.

O peuples, suivez-moi ;
Venez tous dans ce temple, et calmez votre effroi.
Les mânes de Ninus ne sont point implacables ;
S'ils protègent Arzace, ils me sont favorables :
C'est le ciel qui m'inspire et qui vous donne un roi ;
Venez tous l'implorer pour Arzace et pour moi.

FIN DU TROISIÈME ACTE.

ACTE QUATRIÈME.

(Le théâtre représente le vestibule du temple.)

SCÈNE I.

ARZACE, AZÉMA.

ARZACE.

N'irritez point mes maux, ils m'accablent assez.
Cet oracle est affreux plus que vous ne pensez.
Des prodiges sans nombre étonnent la nature.
Le ciel m'a tout ravi ; je vous perds.

AZÉMA.

      Ah ! parjure !
Va, cesse d'ajouter aux horreurs de ce jour
L'indigne souvenir de ton perfide amour.
Je ne combattrai point la main qui te couronne,
Les morts qui t'ont parlé, ton cœur qui m'abandonne,
Des prodiges nouveaux qui me glacent d'effroi,
Ta barbare inconstance est le plus grand pour moi,
Achève ; rends Ninus à ton crime propice ;
Commence ici par moi ton affreux sacrifice :
Frappe, ingrat.

ARZACE.

    C'en est trop : mon cœur désespéré
Contre ces derniers traits n'était point préparé.
Vous voyez trop, cruelle, à ma douleur profonde,
Si ce cœur vous préfère à l'empire du monde.

Ces victoires, ce nom, dont j'étais si jaloux,
Vous en étiez l'objet; j'avais tout fait pour vous;
Et mon ambition, au comble parvenue,
Jusqu'à vous mériter avait porté sa vue.
Sémiramis m'est chère; oui, je dois l'avouer;
Votre bouche avec moi conspire à la louer.
Nos yeux la regardaient comme un dieu tutélaire
Qui de nos chastes feux protégeait le mystère.
C'est avec cette ardeur, et ces vœux épurés,
Que peut-être les dieux veulent être adorés.
Jugez de ma surprise au choix qu'a fait la reine;
Jugez du précipice où ce choix nous entraîne;
Apprenez tout mon sort.

AZÉMA.

Je le sais.

ARZACE.

Apprenez
Que l'empire ni vous ne me sont destinés.
Ce fils qu'il faut servir, ce fils de Ninus même,
Cet unique héritier de la grandeur suprême...

AZÉMA.

Eh bien?

ARZACE.

Ce Ninias, qui, presque en son berceau,
De l'hymen avec vous alluma le flambeau,
Qui naquit à la fois mon rival et mon maître...

AZÉMA.

Ninias!

ARZACE.

Il respire, il vient, il va paraître.

AZÉMA.
Ninias ! juste ciel ! Eh quoi ! Sémiramis...
ARZACE.
Jusqu'à ce jour trompée, elle a pleuré son fils.
AZÉMA.
Ninias est vivant !
ARZACE.
C'est un secret encore
Renfermé dans le temple, et que la reine ignore.
AZÉMA.
Mais Ninus te couronne, et sa veuve est à toi.
ARZACE.
Mais son fils est à vous ; mais son fils est mon roi ;
Mais je dois le servir. Quel oracle funeste !
AZÉMA.
L'amour parle, il suffit ; que m'importe le reste ?
Ses ordres plus certains n'ont point d'obscurité ;
Voilà mon seul oracle, il doit être écouté.
Ninias est vivant ! Eh bien ! qu'il reparaisse ;
Que sa mère à mes yeux attestant sa promesse,
Que son père avec lui rappelé du tombeau,
Rejoignent ces liens formés dans mon berceau ;
Que Ninias, mon roi, ton rival et ton maître,
Ait pour moi tout l'amour que tu me dois peut-être :
Viens voir tout cet amour devant toi confondu ;
Vois fouler à mes pieds le sceptre qui m'est dû.
Où donc est Ninias ? quel secret, quel mystère
Le dérobe à ma vue, et le cache à sa mère ?
Qu'il revienne, en un mot ; lui, ni Sémiramis,
Ni ces mânes sacrés que l'enfer a vomis,
Ni le renversement de toute la nature,
Ne pourront de mon âme arracher un parjure.

ACTE IV, SCÈNE I.

Arzace, c'est à toi de te bien consulter;
Vois si ton cœur m'égale, et s'il m'ose imiter.
Quels sont donc ces forfaits que l'enfer en furie,
Que l'ombre de Ninus ordonne qu'on expie ?
Cruel, si tu trahis un si sacré lien,
Je ne connais ici de crime que le tien.
Je vois de tes destins le fatal interprète,
Pour te dicter leurs lois, sortir de sa retraite :
Le malheureux amour, dont tu trahis la foi,
N'est point fait pour paraître entre les dieux et toi.
Va recevoir l'arrêt dont Ninus nous menace;
Ton sort dépend des dieux, le mien dépend d'Arzace.
(*Elle sort.*)

ARZACE.

Arzace est à vous seule. Ah ! cruelle ! arrêtez.
Quel mélange d'horreurs et de félicités !
Quels étonnants destins l'un à l'autre contraires !...

SCÈNE II.

ARZACE; OROÈS, *suivi des mages.*

OROÈS, *à Arzace.*

VENEZ, retirons-nous vers ces lieux solitaires ;
Je vois quel trouble affreux a dû vous pénétrer :
A de plus grands assauts il faut vous préparer.
(*Aux mages.*)
Apportez ce bandeau d'un roi que je révère ;
Prenez ce fer sacré, cette lettre.
(*Les mages vont chercher ce que le grand-prêtre demande.*)

ARZACE.

O mon père !

Tirez-moi de l'abîme où mes pas sont plongés !
Levez le voile affreux dont mes yeux sont chargés !
OROÈS.
Le voile va tomber, mon fils ; et voici l'heure
Où, dans sa redoutable et profonde demeure,
Ninus attend de vous, pour apaiser ses cris,
L'offrande réservée à ses mânes trahis.
ARZACE.
Quel ordre ! quelle offrande ! et qu'est-ce qu'il désire ?
Qui, moi ! venger Ninus, et Ninias respire !
Qu'il vienne, il est mon roi, mon bras va le servir
OROÈS.
Son père a commandé ; ne sachez qu'obéir.
Dans une heure, à sa tombe, Arzace, il faut vous rendre,
(Il donne le diadème et l'épée à Ninias.)
Armé du fer sacré que vos mains doivent prendre,
Ceint du même bandeau que son front a porté,
Et que vous-même ici vous m'avez présenté.
ARZACE.
Du bandeau de Ninus !
OROÈS.
Ses mânes le commandent :
C'est dans cet appareil, c'est ainsi qu'ils attendent
Ce sang qui, devant eux, doit être offert par vous.
Ne songez qu'à frapper, qu'à servir leur courroux :
La victime y sera ; c'est assez vous instruire.
Reposez-vous sur eux du soin de la conduire.
ARZACE.
S'il demande mon sang, disposez de ce bras.
Mais vous ne parlez point, seigneur, de Ninias ;
Vous ne me dites point comment son père même
Me donnerait sa femme avec son diadème.

OROÈS.

Sa femme, vous! la reine! ô ciel! Sémiramis!
Eh bien! voici l'instant que je vous ai promis.
Connaissez vos destins et cette femme impie.

ARZACE.

Grands dieux!

OROÈS.

De son époux elle a tranché la vie.

ARZACE.

Elle! la reine!

OROÈS.

Assur, l'opprobre de son nom,
Le détestable Assur a donné le poison.

ARZACE, *après un peu de silence.*

Ce crime dans Assur n'a rien qui me surprenne;
Mais croirai-je en effet qu'une épouse, une reine,
L'amour des nations, l'honneur des souverains,
D'un attentat si noir ait pu souiller ses mains?
A-t-on tant de vertus après un si grand crime?

OROÈS.

Ce doute, cher Arzace, est d'un cœur magnanime;
Mais ce n'est plus le temps de rien dissimuler :
Chaque instant de ce jour est fait pour révéler
Les effrayants secrets dont frémit la nature :
Elle vous parle ici; vous sentez son murmure;
Votre cœur, malgré vous, gémit épouvanté.
Ne soyez plus surpris si Ninus irrité
Est monté de la terre à ces voûtes impies ;
Il vient briser des nœuds tissus par les furies;
Il vient montrer au jour des crimes impunis;
Des horreurs de l'inceste il vient sauver son fils :

Il parle, il vous attend ; Ninus est votre père ;
Vous êtes Ninias ; la reine est votre mère.

ARZACE.

De tous ces coups mortels en un moment frappé,
Dans la nuit du trépas je reste enveloppé.
Moi, son fils ? moi ?

OROÈS.

Vous-même : en doutez-vous encore !
Apprenez que Ninus, à sa dernière aurore,
Sûr qu'un poison mortel en terminait le cours,
Et que le même crime attentait sur vos jours,
Qu'il attaquait en vous les sources de la vie,
Vous arracha mourant à cette cour impie.
Assur, comblant sur vous ses crimes inouïs,
Pour épouser la mère, empoisonna le fils.
Il crut que, de ses rois exterminant la race,
Le trône était ouvert à sa perfide audace ;
Et lorsque le palais déplorait votre mort,
Le fidèle Phradate eut soin de votre sort.
Ces végétaux puissants qu'en Perse on voit éclore,
Bienfaits nés dans ses champs de l'astre qu'elle adore,
Par les soins de Phradate avec art préparés,
Firent sortir la mort de vos flancs déchirés ;
De son fils qu'il perdit il vous donna la place ;
Vous ne fûtes connu que sous le nom d'Arzace :
Il attendait le jour d'un heureux changement.
Dieu, qui juge les rois, en ordonne autrement.
La vérité terrible est du ciel descendue,
Et du sein des tombeaux la vengeance est venue.

ARZACE.

Dieu, maître des destins, suis-je assez éprouvé ?
Vous me rendez la mort dont vous m'avez sauvé.

Eh bien! Sémiramis....! oui, je reçus la vie
Dans le sein des grandeurs et de l'ignominie.
Ma mère.... ô ciel! Ninus! ah! quel aveu cruel!
Mais si le traître Assur était seul criminel,
S'il se pouvait....

OROÈS, *prenant la lettre et la lui donnant.*

Voici ces sacrés caractères,
Ces garants trop certains de ces cruels mystères;
Le monument du crime est ici sous vos yeux :
Douterez-vous encor?

ARZACE.

Que ne le puis-je, ô dieux!
Donnez, je n'aurai plus de doute qui me flatte;
Donnez.

(Il lit.)

« Ninus mourant au fidèle Phradate.
« Je meurs empoisonné; prenez soin de mon fils;
« Arrachez Ninias à des bras ennemis :
« Ma criminelle épouse.... »

OROÈS.

En faut-il davantage?
C'est de vous que je tiens cet affreux témoignage.
Ninus n'acheva point; l'approche de la mort
Glaça sa faible main qui traçait votre sort.
Phradate en cet écrit vous apprend tout le reste;
Lisez : il vous confirme un secret si funeste.
Il suffit, Ninus parle, il arme votre bras;
De sa tombe à son trône il va guider vos pas;
Il veut du sang.

ARZACE, *après avoir lu.*

O jour trop fécond en miracles!
Enfer, qui m'as parlé, tes funestes oracles

Sont plus obscurs encore à mon esprit troublé
Que le sein de la tombe où je suis appelé.
Au sacrificateur on cache la victime ;
Je tremble sur le choix.

OROÈS.
Tremblez, mais sur le crime.
Allez ; dans les horreurs dont vous êtes troublé,
Le ciel vous conduira comme il vous a parlé.
Ne vous regardez plus comme un homme ordinaire ;
Des éternels décrets sacré dépositaire,
Marqué du sceau des dieux, séparé des humains,
Avancez dans la nuit qui couvre vos destins.
Mortel, faible instrument des dieux de vos ancêtres,
Vous n'avez pas le droit d'interroger vos maîtres.
A la mort échappé, malheureux Ninias,
Adorez, rendez grâce, et ne murmurez pas.

SCÈNE III.
ARZACE, MITRANE.

ARZACE.
NON, je ne reviens point de cet état horrible !
Sémiramis ma mère ! ô ciel ! est-il possible ?

MITRANE, *arrivant.*
Babylone, seigneur, en ce commun effroi,
Ne peut se rassurer qu'en revoyant son roi.
Souffrez que le premier je vienne reconnaître
Et l'époux de la reine, et mon auguste maître.
Sémiramis vous cherche ; elle vient sur mes pas :
Je bénis ce moment qui la met dans vos bras.
Vous ne répondez point ; un désespoir farouche
Fixe vos yeux troublés, et vous ferme la bouche ;

Vous pâlissez d'effroi ; tout votre corps frémit.
Qu'est ce qui s'est passé ? qu'est-ce qu'on vous a dit ?

ARZACE.

Fuyons vers Azéma.

MITRANE.

Quel étonnant langage !
Seigneur, est-ce bien vous ? faites-vous cet outrage
Aux bontés de la reine, à ses feux, à son choix,
A ce cœur qui pour vous dédaigna tant de rois ?
Son espérance en vous est-elle confondue ?

ARZACE.

Dieux ! c'est Sémiramis qui se montre à ma vue !
O tombe de Ninus ! ô séjour des enfers !
Cachez son crime et moi dans vos gouffres ouverts.

SCÈNE IV.

SEMIRAMIS, ARZACE, OTANE.

SÉMIRAMIS.

On n'attend plus que vous ; venez, maître du monde :
Son sort, comme le mien, sur mon hymen se fonde.
Je vois avec transport ce signe révéré,
Qu'a mis sur votre front un pontife inspiré ;
Ce sacré diadème, assuré témoignage
Que l'enfer et le ciel confirment mon suffrage.
Tout le parti d'Assur, frappé d'un saint respect,
Tombe à la voix des dieux, et tremble à mon aspect :
Ninus veut une offrande, il en est plus propice ;
Pour hâter mon bonheur, hâtez ce sacrifice.
Tous les cœurs sont à nous ; tout le peuple applaudit :
Vous régnez, je vous aime ; Assur en vain frémit.

ARZACE, *hors de lui.*

Assur! allons.... il faut dans le sang du perfide....
Dans cet infâme sang lavons son parricide;
Allons venger Ninus....

SÉMIRAMIS.

Qu'entends-je? juste ciel!
Ninus!

ARZACE, *d'un air égaré.*

Vous m'avez dit que son bras criminel
(*Revenant à lui.*)

Avait.... que l'insolent s'arme contre sa reine;
Et n'est-ce pas assez pour mériter ma haine?

SÉMIRAMIS.

Commencez la vengeance en recevant ma foi.

ARZACE.

Mon père!

SÉMIRAMIS.

Ah! quels regards vos yeux lancent sur moi!
Arzace, est-ce donc là ce cœur soumis et tendre
Qu'en vous donnant ma main j'ai cru devoir attendre?
Je ne m'étonne point que ce prodige affreux,
Que les morts déchaînés du séjour ténébreux,
De la terreur en vous laissent encor la trace:
Mais j'en suis moins troublée en revoyant Arzace.
Ah! ne répandez pas cette funeste nuit
Sur ces premiers moments du beau jour qui me luit.
Soyez tel qu'à mes pieds je vous ai vu paraître
Lorsque vous redoutiez d'avoir Assur pour maître.
Ne craignez point Ninus, et son ombre en courroux.
Arzace, mon appui, mon secours, mon époux;
Cher prince....

ACTE IV, SCÈNE IV.

ARZACE, *se détournant.*

C'en est trop : le crime m'environne....
Arrêtez.

SÉMIRAMIS.

A quel trouble, hélas ! il s'abandonne,
Quand lui seul à la paix a pu me rappeler !

ARZACE.

Sémiramis....

SÉMIRAMIS.

Eh bien ?

ARZACE.

Je ne puis lui parler :
Fuyez-moi pour jamais, ou m'arrachez la vie.

SÉMIRAMIS.

Quels transports ! quels discours ! qui, moi, que je vous fuie ?
Éclaircissez ce trouble insupportable, affreux,
Qui passe dans mon âme, et fait deux malheureux.
Les traits du désespoir sont sur votre visage ;
De moment en moment vous glacez mon courage ;
Et vos yeux alarmés me causent plus d'effroi
Que le ciel et les morts soulevés contre moi.
Je tremble en vous offrant ce sacré diadème ;
Ma bouche en frémissant prononce, Je vous aime ;
D'un pouvoir inconnu l'invincible ascendant
M'entraîne ici vers vous, m'en repousse à l'instant,
Et, par un sentiment que je ne puis comprendre,
Mêle une horreur affreuse à l'amour le plus tendre.

ARZACE.

Haïssez-moi !

SÉMIRAMIS.

Cruel ! non, tu ne le veux pas.
Mon cœur suivra ton cœur, mes pas suivront tes pas.

Quel est donc ce billet que tes yeux pleins d'alarmes
Lisent avec horreur et trempent de leurs larmes?
Contient-il les raisons de tes refus affreux?

ARZACE.

Oui.

SÉMIRAMIS.

Donne,

ARZACE.

Ah! je ne puis... osez-vous...?

SÉMIRAMIS.

Je le veux.

ARZACE.

Laissez-moi cet écrit horrible et nécessaire....

SÉMIRAMIS.

D'où le tiens-tu?

ARZACE.

Des dieux.

SÉMIRAMIS.

Qui l'écrivit?

ARZACE.

Mon père.

SÉMIRAMIS.

Que me dis-tu?

ARZACE.

Tremblez.

SÉMIRAMIS.

Donne : apprends-moi mon sort.

ARZACE.

Cessez.... à chaque mot vous trouveriez la mort.

SÉMIRAMIS.

N'importe; éclaircissez ce doute qui m'accable;
Ne me résistez plus, ou je vous crois coupable.

ACTE IV, SCÈNE IV.

ARZACE.

Dieux, qui conduisez tout, c'est vous qui m'y forcez !

SÉMIRAMIS, *prenant le billet.*

Pour la dernière fois, Arzace, obéissez.

ARZACE.

Eh bien ! que ce billet soit donc le seul supplice
Qu'à son crime, grand dieu, réserve ta justice !

(Sémiramis lit.)

Vous allez trop savoir, c'en est fait.

SÉMIRAMIS, *à Otane.*

Qu'ai-je lu ?
Soutiens-moi, je me meurs...

ARZACE.

Hélas ! tout est connu.

SÉMIRAMIS, *revenant à elle, après un long silence.*

Eh bien ! ne tarde plus, remplis ta destinée ;
Punis cette coupable et cette infortunée ;
Étouffe dans mon sang mes détestables feux.
La nature trompée est horrible à tous deux.
Venge tous mes forfaits ; venge la mort d'un père ;
Reconnais-moi, mon fils ; frappe et punis ta mère.

ARZACE.

Que ce glaive plutôt épuise ici mon flanc
De ce sang malheureux formé de votre sang !
Qu'il perce de vos mains ce cœur qui vous révère,
Et qui porte d'un fils le sacré caractère !

SÉMIRAMIS, *se jetant à genoux.*

Ah ! je fus sans pitié ; sois barbare à ton tour ;
Sois le fils de Ninus en m'arrachant le jour :
Frappe. Mais quoi ! tes pleurs se mêlent à mes larmes !
O Ninias ! ô jour plein d'horreur et de charmes...!

Avant de me donner la mort que tu me dois,
De la nature encor laisse parler la voix;
Souffre au moins que les pleurs de ta coupable mère
Arrosent une main si fatale et si chère.

ARZACE.

Ah! je suis votre fils, et ce n'est pas à vous,
Quoi que vous ayez fait, d'embrasser mes genoux.
Ninias vous implore, il vous aime, il vous jure
Les plus profonds respects, et l'amour la plus pure.
C'est un nouveau sujet, plus cher et plus soumis;
Le ciel est apaisé, puisqu'il vous rend un fils:
Livrez l'infâme Assur au dieu qui vous pardonne.

SÉMIRAMIS.

Reçois, pour te venger, mon sceptre et ma couronne;
Je les ai trop souillés.

ARZACE.

Je veux tout ignorer;
Je veux avec l'Asie encor vous admirer.

SÉMIRAMIS.

Non; mon crime est trop grand.

ARZACE.

Le repentir l'efface.

SÉMIRAMIS.

Ninus t'a commandé de régner en ma place;
Crains ses mânes vengeurs.

ARZACE.

Ils seront attendris
Des remords d'une mère et des larmes d'un fils.
Otane, au nom des dieux, ayez soin de ma mère,
Et cachez, comme moi, cet horrible mystère.

FIN DU QUATRIÈME ACTE.

ACTE CINQUIÈME.

SCÈNE I.

SÉMIRAMIS, OTANE.

OTANE.

Songez qu'un dieu propice a voulu prévenir
Cet effroyable hymen, dont je vous vois frémir.
La nature étonnée à ce danger funeste,
En vous rendant un fils, vous arrache à l'inceste.
Des oracles d'Ammon les ordres absolus,
Les infernales voix, les mânes de Ninus,
Vous disaient que le jour d'un nouvel hyménée
Finirait les horreurs de votre destinée ;
Mais ils ne disaient pas qu'il dût être accompli.
L'hymen s'est préparé, votre sort est rempli ;
Ninias vous révère. Un secret sacrifice
Va contenter des dieux la facile justice :
Ce jour si redouté fera votre bonheur.

SÉMIRAMIS.

Ah! le bonheur, Otane, est-il fait pour mon cœur?
Mon fils s'est attendri ; je me flatte, j'espère
Qu'en ces premiers moments la douleur d'une mère
Parle plus hautement à ses sens oppressés
Que le sang de Ninus, et mes crimes passés.
Mais peut-être bientôt, moins tendre et plus sévère,
Il ne se souviendra que du meurtre d'un père.

OTANE.

Que craignez-vous d'un fils? quel noir pressentiment!

SÉMIRAMIS.

SÉMIRAMIS.

La crainte suit le crime, et c'est son châtiment.
Le détestable Assur sait-il ce qui se passe ?
N'a-t-on rien attenté ? sait-on quel est Arzace ?

OTANE.

Non ; ce secret terrible est de tous ignoré :
De l'ombre de Ninus l'oracle est adoré ;
Les esprits consternés ne peuvent le comprendre.
Comment servir son fils ? pourquoi venger sa cendre ?
On l'ignore, on se tait. On attend ces moments
Où, fermé sans réserve au reste des vivants,
Ce lieu saint doit s'ouvrir pour finir tant d'alarmes.
Le peuple est aux autels ; vos soldats sont en armes.
Azéma, pâle, errante, et la mort dans les yeux,
Veille autour du tombeau, lève les mains aux cieux.
Ninias est au temple, et d'une âme éperdue
Se prépare à frapper sa victime inconnue.
Dans ses sombres fureurs Assur enveloppé
Rassemble les débris d'un parti dissipé :
Je ne sais quels projets il peut former encore.

SÉMIRAMIS.

Ah ! c'est trop ménager un traître que j'abhorre ;
Qu'Assur chargé de fers en vos mains soit remis :
Otane, allez livrer le coupable à mon fils.
Mon fils apaisera l'éternelle justice,
En répandant du moins le sang de mon complice :
Qu'il meure ; qu'Azéma, rendue à Ninias,
Du crime de mon règne épure ces climats.
Tu vois ce cœur, Ninus, il doit te satisfaire ;
Tu vois du moins en moi des entrailles de mère.
Ah ! qui vient dans ces lieux à pas précipités ?
Que tout rend la terreur à mes sens agités !

SCÈNE II.
SÉMIRAMIS, AZÉMA.

AZÉMA.

MADAME, pardonnez si, sans être appelée,
De mortelles frayeurs trop justement troublée,
Je viens avec transport embrasser vos genoux.

SÉMIRAMIS.

Ah! princesse, parlez, que me demandez-vous?

AZÉMA.

D'arracher un héros au coup qui le menace,
De prévenir le crime, et de sauver Arzace.

SÉMIRAMIS.

Arzace? lui! quel crime?

AZÉMA.

Il devient votre époux;
Il me trahit, n'importe, il doit vivre pour vous.

SÉMIRAMIS.

Lui mon époux? grands dieux!

AZÉMA.

Quoi! l'hymen qui vous lie...

SÉMIRAMIS.

Cet hymen est affreux, abominable, impie.
Arzace! il est... parlez; je frissonne; achevez :
Quels dangers...? hâtez-vous...

AZÉMA.

Madame, vous savez
Que peut-être au moment que ma voix vous implore...

SÉMIRAMIS.

Eh bien?

AZÉMA.

Ce demi-dieu, que je redoute encore,

D'un secret sacrifice en doit être honoré
Au fond du labyrinthe à Ninus consacré.
J'ignore quels forfaits il faut qu'Arzace expie.

SÉMIRAMIS.

Quels forfaits, justes dieux!

AZÉMA.

Cet Assur, cet impie,
Va violer la tombe où nul n'est introduit.

SÉMIRAMIS.

Qui? lui?

AZÉMA.

Dans les horreurs de la profonde nuit,
Des souterrains secrets, où sa fureur habile
A tout évènement se creusait un asile,
Ont servi les desseins de ce monstre odieux;
Il vient braver les morts, il vient braver les dieux :
D'une main sacrilège, aux forfaits enhardie,
Du généreux Arzace il va trancher la vie.

SÉMIRAMIS.

O ciel! qui vous l'a dit? comment? par quel détour?

AZÉMA.

Fiez-vous à mon cœur éclairé par l'amour;
J'ai vu du traître Assur la haine envenimée,
Sa faction tremblante, et par lui ranimée,
Ses amis rassemblés, qu'a séduits sa fureur.
De ses desseins secrets j'ai démêlé l'horreur;
J'ai feint de réunir nos causes mutuelles;
Je l'ai fait épier par des regards fidèles :
Il ne commet qu'à lui ce meurtre détesté;
Il marche au sacrilège avec impunité.
Sûr que dans ce lieu saint nul n'osera paraître,
Que l'accès en est même interdit au grand-prêtre,

ACTE V, SCÈNE II.

Il y vole : et le bruit par ses soins se répand
Qu'Arzace est la victime, et que la mort l'attend;
Que Ninus dans son sang doit laver son injure.
On parle au peuple, aux grands, on s'assemble, on murmure.
Je crains Ninus, Assur, et le ciel en courroux.

SÉMIRAMIS.

Eh bien! chère Azéma, ce ciel parle par vous :
Il me suffit. Je vois ce qui me reste a faire.
On peut s'en reposer sur le cœur d'une mère.
Ma fille, nos destins à la fois sont remplis;
Défendez votre époux, je vais sauver mon fils.

AZÉMA.

Ciel!

SÉMIRAMIS.

Prête à l'épouser, les dieux m'ont éclairée;
Ils inspirent encore une mère éplorée :
Mais les moments sont chers. Laissez-moi dans ces lieux;
Ordonnez en mon nom que les prêtres des dieux,
Que les chefs de l'État viennent ici se rendre.

(Azéma passe dans le vestibule du temple; Sémiramis, de l'autre côté, s'avance vers le mausolée.)

Ombre de mon époux, je vais venger ta cendre.
Voici l'instant fatal où ta voix m'a promis
Que l'accès de ta tombe allait m'être permis :
J'obéirai; mes mains, qui guidaient des armées,
Pour secourir mon fils, à ta voix sont armées.
Venez, gardes du trône, accourez à ma voix;
D'Arzace désormais reconnaissez les lois :
Arzace est votre roi; vous n'avez plus de reine;
Je dépose en ses mains la grandeur souveraine.

Soyez ses défenseurs, ainsi que ses sujets.
Allez.
(Les gardes se rangent au fond de la scène.)
Dieux tout-puissants, secondez mes projets.
(Elle entre dans le tombeau.)

SCÈNE III.

AZÉMA, *revenant de la porte du temple sur le devant de la scène.*

Que méditait la reine ? et quel dessein l'anime ?
A-t-elle encor le temps de prévenir le crime ?
O prodige, ô destin que je ne conçois pas !
Moment cher et terrible ! Arzace, Ninias !
Arbitres des humains, puissances que j'adore,
Me l'avez-vous rendu pour le ravir encore ?

SCÈNE IV.

AZÉMA, ARZACE ou NINIAS.

AZÉMA.

Ah ! cher prince, arrêtez. Ninias, est-ce vous ?
Vous, le fils de Ninus, mon maître et mon époux ?

NINIAS.

Ah ! vous me revoyez confus de me connaître.
Je suis du sang des dieux, et je frémis d'en être.
Écartez ces horreurs qui m'ont environné,
Fortifiez ce cœur au trouble abandonné,
Encouragez ce bras prêt à venger un père.

AZÉMA.

Gardez-vous de remplir cet affreux ministère.

NINIAS.

Je dois un sacrifice, il le faut, j'obéis.

ACTE V, SCÈNE IV.

AZÉMA.

Non, Ninus ne veut pas qu'on immole son fils.

NINIAS.

Comment?

AZÉMA.

      Vous n'irez point dans ce lieu redoutable;
Un traître y tend pour vous un piège inévitable.

NINIAS.

Qui peut me retenir? et qui peut m'effrayer?

AZÉMA.

C'est vous que dans la tombe on va sacrifier;
Assur, l'indigne Assur a d'un pas sacrilège
Violé du tombeau le divin privilège :
Il vous attend.

NINIAS.

      Grands dieux! tout est donc éclairci.
Mon cœur est rassuré, la victime est ici.
Mon père, empoisonné par ce monstre perfide,
Demande à haute voix le sang du parricide.
Instruit par le grand-prêtre, et conduit par le ciel,
Par Ninus même armé contre le criminel,
Je n'aurai qu'à frapper la victime funeste
Qu'amène à mon courroux la justice céleste.
Je vois trop que ma main, dans ce fatal moment,
D'un pouvoir invincible est l'aveugle instrument.
Les dieux seuls ont tout fait, et mon âme étonnée
S'abandonne à la voix qui fait ma destinée.
Je vois que, malgré nous, tous nos pas sont marqués;
Je vois que des enfers ces mânes évoqués
Sur le chemin du trône ont semé les miracles :
J'obéis sans rien craindre, et j'en crois les oracles.

AZÉMA.

Tout ce qu'ont fait les dieux ne m'apprend qu'à frémir :
Ils ont aimé Ninus, ils l'ont laissé périr.

NINIAS.

Ils le vengent enfin : étouffez ce murmure.

AZÉMA.

Ils choisissent souvent une victime pure :
Le sang de l'innocence a coulé sous leurs coups.

NINIAS.

Puisqu'ils nous ont unis, ils combattent pour nous.
Ce sont eux qui parlaient par la voix de mon père.
Ils me rendent un trône, une épouse, une mère ;
Et, couvert à vos yeux du sang du criminel,
Ils vont de ce tombeau me conduire à l'autel.
J'obéis, c'est assez, le ciel fera le reste.

SCÈNE V.

AZÉMA, seule.

Dieux, veillez sur ses pas dans ce tombeau funeste.
Que voulez-vous ? quel sang doit aujourd'hui couler ?
Impénétrables dieux, vous me faites trembler.
Je crains Assur, je crains cette main sanguinaire ;
Il peut percer le fils sur la cendre du père.
Abîmes redoutés, dont Ninus est sorti,
Dans vos antres profonds que ce monstre englouti
Porte au sein des enfers la fureur qui le presse !
Cieux, tonnez ! cieux, lancez la foudre vengeresse !
O son père ! ô Ninus ! quoi ! tu n'as pas permis
Qu'une épouse éplorée accompagnât ton fils !
Ninus, combats pour lui dans ce lieu de ténèbres !
N'entends-je pas sa voix parmi des cris funèbres ?

Dût ce sacré tombeau, profané par mes pas,
Ouvrir pour me punir les gouffres du trépas,
J'y descendrai, j'y vole... Ah! quels coups de tonnerre
Ont enflammé le ciel et font trembler la terre!
Je crains, j'espère... Il vient.

SCÈNE VI.
NINIAS, *une épée sanglante à la main*, AZÉMA.

NINIAS.

Ciel! où suis-je?

AZÉMA.

Ah! seigneur,
Vous êtes teint de sang, pâle, glacé d'horreur.

NINIAS, *d'un air égaré*.

Vous me voyez couvert du sang du parricide.
Au fond de ce tombeau mon père était mon guide;
J'errais dans les détours de ce grand monument,
Plein de respect, d'horreur et de saisissement;
Il marchait devant moi : j'ai reconnu la place
Que son ombre en courroux marquait à mon audace.
Auprès d'une colonne, et loin de la clarté
Qui suffisait à peine à ce lieu redouté,
J'ai vu briller le fer dans la main du perfide;
J'ai cru le voir trembler, tout coupable est timide.
J'ai deux fois dans son flanc plongé ce fer vengeur;
Et d'un bras tout sanglant, qu'animait ma fureur,
Déja je le traînais, roulant sur la poussière,
Vers les lieux d'où partait cette faible lumière :
Mais, je vous l'avouerai, ses sanglots redoublés,
Ses cris plaintifs et sourds, et mal articulés,
Les dieux qu'il invoquait, et le repentir même
Qui semblait le saisir à son heure suprême;

La sainteté du lieu ; la pitié, dont la voix,
Alors qu'on est vengé fait entendre ses lois ;
Un sentiment confus, qui même m'épouvante,
M'ont fait abandonner la victime sanglante.
Azéma, quel est donc ce trouble, cet effroi,
Cette invincible horreur qui s'empare de moi ?
Mon cœur est pur, ô dieux ! mes mains sont innocentes :
D'un sang proscrit par vous vous les voyez fumantes.
Quoi ! j'ai servi le ciel, et je sens des remords !

AZÉMA.

Vous avez satisfait la nature et les morts.
Quittons ce lieu terrible, allons vers votre mère ;
Calmez à ses genoux ce trouble involontaire :
Et puisqu'Assur n'est plus...

SCÈNE VII.

NINIAS, AZÉMA, ASSUR.

(*Assur paraît dans l'enfoncement avec Otane et les gardes de la reine.*)

AZÉMA.

CIEL ! Assur à mes yeux !

NINIAS.

Assur ?

AZÉMA.

Accourez tous, ministres de nos dieux,
Ministres de nos rois, défendez votre maître.

SCÈNE VIII.

LE GRAND-PRÊTRE OROÈS, LES MAGES ET LE PEUPLE, NINIAS, AZÉMA, ASSUR *désarmé*, MITRANE, OTANE.

OTANE.

Il n'en est pas besoin ; j'ai fait saisir le traître
Lorsque dans ce lieu saint il allait pénétrer :
La reine l'ordonna ; je viens vous le livrer.

NINIAS.

Qu'ai-je fait ? et quelle est la victime immolée ?

OROÈS.

Le ciel est satisfait ; la vengeance est comblée.

(*En montrant Assur.*)

Peuples, de votre roi voilà l'empoisonneur ;

(*En montrant Ninias.*)

Peuples, de votre roi voilà le successeur.
Je viens vous l'annoncer ; je viens le reconnaître ;
Revoyez Ninias, et servez votre maître.

ASSUR.

Toi Ninias ?

OROÈS.

   Lui-même : un dieu qui l'a conduit
Le sauva de ta rage, et ce dieu te poursuit.

ASSUR.

Toi, de Sémiramis tu reçus la naissance ?

NINIAS.

Oui ; mais pour te punir j'ai reçu sa puissance.
Allez, délivrez-moi de ce monstre inhumain :
Il ne méritait pas de tomber sous ma main.

Qu'il meure dans l'opprobre, et non de mon épée ;
Et qu'on rende au trépas ma victime échappée.
(*Sémiramis paraît au pied du tombeau, mourante;
un mage qui est à cette porte la relève.*)

ASSUR.

Va : mon plus grand supplice est de te voir mon roi ;
(*Apercevant Sémiramis.*)
Mais je te laisse encor plus malheureux que moi :
Regarde ce tombeau ; contemple ton ouvrage.

NINIAS.

Quelle victime, ô ciel, a donc frappé ma rage ?

AZÉMA.

Ah ! fuyez, cher époux !

MITRANE.
     Qu'avez-vous fait ?

OROÈS, *se mettant entre le tombeau et Ninias.*
           Sortez ;
Venez purifier vos bras ensanglantés ;
Remettez dans mes mains ce glaive trop funeste,
Cet aveugle instrument de la fureur céleste.

NINIAS, *courant vers Sémiramis.*

Ah ! cruels, laissez-moi le plonger dans mon cœur.

OROÈS, *tandis qu'on le désarme.*

Gardez de le laisser à sa propre fureur.

SÉMIRAMIS, *qu'on fait avancer, et qu'on place sur un
fauteuil.*

Viens me venger, mon fils : un monstre sanguinaire,
Un traître, un sacrilège, assassine ta mère.

NINIAS.

O jour de la terreur ! ô crimes inouïs !
Ce sacrilège affreux, ce monstre, est votre fils.

ACTE V, SCÈNE VIII.

Au sein qui m'a nourri cette main s'est plongée :
Je vous suis dans la tombe, et vous serez vengée.

SÉMIRAMIS.

Hélas ! j'y descendis pour défendre tes jours.
Ta malheureuse mère allait à ton secours...
J'ai reçu de tes mains la mort qui m'était due.

NINIAS.

Ah ! c'est le dernier trait à mon âme éperdue.
J'atteste ici les dieux qui conduisaient mon bras,
Ces dieux qui m'égaraient...

SÉMIRAMIS.

Mon fils, n'achève pas :
Je te pardonne tout, si, pour grâce dernière,
Une si chère main ferme au moins ma paupière.

(Il se jette à genoux.)

Viens, je te le demande, au nom du même sang
Qui t'a donné la vie et qui sort de mon flanc.
Ton cœur n'a pas sur moi conduit ta main cruelle.
Quand Ninus expira, j'étais plus criminelle :
J'en suis assez punie. Il est donc des forfaits
Que le courroux des dieux ne pardonne jamais !
Ninias, Azéma, que votre hymen efface
L'opprobre dont mon crime a souillé votre race ;
D'une mère expirante approchez-vous tous deux ;
Donnez-moi votre main ; vivez, régnez heureux :
Cet espoir me console, il mêle quelque joie
Aux horreurs de la mort où mon âme est en proie.
Je la sens... elle vient... songe à Sémiramis,
Ne hais point sa mémoire : ô mon fils ! mon cher fils...
C'en est fait.

OROÈS.

La lumière à ses yeux est ravie.

Secourez Ninias, prenez soin de sa vie.
Par ce terrible exemple apprenez tous du moins
Que les crimes secrets ont les dieux pour témoins.
Plus le coupable est grand, plus grand est le supplice.
Rois, tremblez sur le trône, et craignez leur justice.

FIN DE SÉMIRAMIS.

NANINE,

ou

LE PRÉJUGÉ VAINCU,

COMÉDIE,

Représentée, pour la première fois, le 16 juin 1749.

PRÉFACE.

CETTE bagatelle fut représentée à Paris dans l'été de 1749, parmi la foule des spectacles qu'on donne à Paris tous les ans.

Dans cette autre foule, beaucoup plus nombreuse, de brochures dont on est inondé, il en parut une dans ce temps-là qui mérite d'être distinguée. C'est une dissertation ingénieuse et approfondie d'un académicien de la Rochelle sur cette question, qui semble partager depuis quelques années la littérature; savoir, s'il est permis de faire des comédies attendrissantes. Il paraît se déclarer fortement contre ce genre, dont la petite comédie de Nanine tient beaucoup en quelques endroits. Il condamne avec raison tout ce qui aurait l'air d'une tragédie bourgeoise. En effet que serait-ce qu'une intrigue tragique entre des hommes du commun? ce serait seulement avilir le cothurne; ce serait manquer à la fois l'objet de la tragédie et de la comédie; ce serait une espèce bâtarde, un monstre, né de l'impuissance de faire une comédie et une tragédie véritable.

Cet académicien judicieux blâme surtout les intrigues romanesques et forcées dans ce genre de comédie, où l'on veut attendrir les spectateurs, et qu'on appelle, par dérision, comédie larmoyante. Mais dans quel genre les intrigues romanesques et forcées peuvent-elles être admises? ne sont-elles pas toujours un vice essentiel dans quelque ouvrage que ce puisse être? Il conclut enfin en disant que, si dans une comédie l'attendrissement peut aller quelquefois jusqu'aux larmes, il n'appartient qu'à la passion de l'amour de les faire répandre. Il n'entend pas, sans doute, l'amour tel qu'il est représenté dans les bonnes tragédies, l'amour furieux, barbare, funeste, suivi de crimes et de remords ; il entend l'amour naïf et tendre, qui seul est du ressort de la comédie.

Cette réflexion en fait naître une autre, qu'on soumet au jugement des gens de lettres ; c'est que, dans notre nation, la tragédie a commencé par s'approprier le langage de la comédie. Si l'on y prend garde, l'amour dans beaucoup d'ouvrages, dont la terreur et la pitié devraient être l'ame, est traité comme il doit l'être en effet dans le genre comique. La galanterie, les déclarations d'amour, la coquetterie, la naïveté, la familiarité, tout cela ne se trouve que trop chez nos héros et nos héroïnes de Rome et de la Grèce, dont nos théâtres retentissent; de sorte

PRÉFACE. 255

qu'en effet l'amour naïf et attendrissant dans une comédie n'est point un larcin fait à Melpomène, mais c'est au contraire Melpomène qui depuis long-temps a pris chez nous les brodequins de Thalie.

Qu'on jette les yeux sur les premières tragédies qui eurent de si prodigieux succès vers le temps du cardinal de Richelieu, la Sophonisbe de Mairet, la Mariamne, l'Amour tyrannique, Alcionée : on verra que l'amour y parle toujours sur un ton aussi familier et quelquefois aussi bas que l'héroïsme s'y exprime avec une emphase ridicule ; c'est peut-être la raison pour laquelle notre nation n'eut en ce temps-là aucune comédie supportable ; c'est qu'en effet le théâtre tragique avait envahi tous les droits de l'autre : il est même vraisemblable que cette raison détermina Molière à donner rarement aux amants qu'il met sur la scène une passion vive et touchante : il sentait que la tragédie l'avait prévenu.

Depuis la Sophonisbe de Mairet, qui fut la première pièce dans laquelle on trouva quelque régularité, on avait commencé à regarder les déclarations d'amour des héros, les réponses artificieuses et coquettes des princesses, les peintures galantes de l'amour, comme des choses essentielles au théâtre tragique. Il est resté des écrits de ce temps-là, dans lesquels on cite avec de grands éloges ces vers que dit Massinisse après la bataille de Cirthe :

> J'aime plus de moitié quand je me sens aimé,
> Et ma flamme s'accroît par un cœur enflammé :
> Comme par une vague une vague s'irrite,
> Un soupir amoureux par un autre s'excite.
> Quand les chaînes d'hymen étreignent deux esprits,
> Un plaisir doit se rendre aussitôt qu'il est pris.

Cette habitude de parler ainsi d'amour influa sur les meilleurs esprits; et ceux même dont le génie mâle et sublime était fait pour rendre en tout à la tragédie son ancienne dignité se laissèrent entraîner à la contagion.

On vit, dans les meilleures pièces,

> .... Un malheureux visage

qui   D'un chevalier romain captiva le courage.

Le héros dit à sa maîtresse :

> Adieu, trop vertueux objet et trop charmant.

L'héroïne lui répond :

> Adieu, trop malheureux et trop parfait amant.

Cléopâtre dit qu'une princesse

> .... Aimant sa renommée,
> En avouant qu'elle aime, est sûre d'être aimée.

Que César

> ... Trace des soupirs, et, d'un style plaintif,
> Dans son champ de victoire il se dit son captif.

PRÉFACE.

Elle ajoute qu'il ne tient qu'à elle d'avoir des rigueurs, et de rendre César malheureux ; sur quoi sa confidente lui répond :

> J'oserais bien jurer que vos charmants appas
> Se vantent d'un pouvoir dont ils n'useront pas.

Dans toutes les pièces du même auteur, qui suivent la mort de Pompée, on est obligé d'avouer que l'amour est toujours traité de ce ton familier. Mais, sans prendre la peine inutile de rapporter des exemples de ces défauts trop visibles, examinons seulement les meilleurs vers que l'auteur de Cinna ait fait débiter sur le théâtre, comme maximes de galanterie.

> Il est des nœuds secrets, il est des sympathies,
> Dont par le doux rapport les ames assorties
> S'attachent l'une à l'autre, et se laissent piquer
> Par ce je ne sais quoi qu'on ne peut expliquer.

De bonne foi, croirait-on que ces vers du haut comique fussent dans la bouche d'une princesse des Parthes, qui va demander à son amant la tête de sa mère ? Est-ce dans un jour si terrible qu'on parle « d'un je ne sais quoi, dont « par le doux rapport les ames sont assorties ? » Sophocle aurait-il débité de tels madrigaux ? Et toutes ces petites sentences amoureuses ne sont-elles pas uniquement du ressort de la comédie ?

Le grand homme qui a porté à un si haut

point la véritable éloquence dans les vers, qui a fait parler à l'amour un langage à la fois si touchant et si noble, a mis cependant dans ses tragédies plus d'une scène que Boileau trouvait plus digne de la haute comédie de Térence que du rival et du vainqueur d'Euripide.

On pourrait citer plus de trois cents vers dans ce goût. Ce n'est pas que la simplicité, qui a ses charmes, la naïveté, qui quelquefois même tient du sublime, ne soient nécessaires pour servir ou de préparation ou de liaison et de passage au pathétique; mais si ces traits naïfs et simples appartiennent même au tragique, à plus forte raison appartiennent-ils au grand comique. C'est dans ce point, où la tragédie s'abaisse et où la comédie s'élève, que ces deux arts se rencontrent et se touchent; c'est là seulement que leurs bornes se confondent : et s'il est permis à Oreste et à Hermione de se dire :

Ah! ne souhaitez pas le destin de Pyrrhus;
Je vous haïrais trop. — Vous m'en aimeriez plus.
Ah! que vous me verriez d'un regard moins contraire !
Vous me voulez aimer, et je ne puis vous plaire...
Vous m'aimeriez, madame, en me voulant haïr.—
Car enfin il vous hait; son ame, ailleurs éprise,
N'a plus—Qui vous l'a dit, seigneur, qu'il me méprise?
Jugez-vous que ma vue inspire des mépris ?

Si ces héros, dis-je, se sont exprimés avec cette

PRÉFACE.

familiarité, à combien plus forte raison le Misanthrope est-il bien reçu à dire à sa maîtresse, avec véhémence :

> Rougissez bien plutôt, vous en avez raison ;
> Et j'ai de sûrs témoins de votre trahison.
> . . . .
> Ce n'était pas en vain que s'alarmait ma flamme.
> . . . .
> Mais ne présumez pas que, sans être vengé,
> Je succombe à l'affront de me voir outragé.
> . . . .
> C'est une trahison, c'est une perfidie
> Qui ne saurait trouver de trop grands châtiments.
> Oui, je peux tout permettre à mes ressentiments :
> Redoutez tout, madame, après un tel outrage :
> Je ne suis plus à moi ; je suis tout à la rage.
> Percé du coup mortel dont vous m'assassinez,
> Mes sens par la raison ne sont plus gouvernés.

Certainement si toute la pièce du Misanthrope était dans ce goût, ce ne serait plus une comédie ; si Oreste et Hermione s'exprimaient toujours comme on vient de le voir, ce ne serait plus une tragédie : mais après que ces deux genres si différents se sont ainsi rapprochés, ils rentrent chacun dans leur véritable carrière ; l'un reprend le ton plaisant, et l'autre le ton sublime.

La comédie, encore une fois, peut donc se passionner, s'emporter, attendrir, pourvu qu'ensuite elle fasse rire les honnêtes gens. Si elle manquait de comique, si elle n'était que larmoyante, c'est alors qu'elle serait un genre très vicieux et très désagréable.

On avoue qu'il est rare de faire passer les spectateurs insensiblement de l'attendrissement au rire : mais ce passage, tout difficile qu'il est de le saisir dans une comédie, n'en est pas moins naturel aux hommes. On a déja remarqué ailleurs que rien n'est plus ordinaire que des aventures qui affligent l'ame, et dont certaines circonstances inspirent ensuite un gaîté passagère. C'est ainsi malheureusement que le genre humain est fait. Homère représente même les dieux riant de la mauvaise grâce de Vulcain, dans le temps qu'ils décident du destin du monde. Hector sourit de la peur de son fils Astyanax, tandis qu'Andromaque répand des larmes.

On voit souvent, jusque dans l'horreur des batailles, des incendies, de tous les désastres qui nous affligent, qu'une naiveté, un bon mot, excitent le rire jusque dans le sein de la désolation et de la pitié. On défendit à un régiment, dans la bataille de Spire, de faire quartier; un officier allemand demande la vie à l'un des nôtres, qui lui répond : «Monsieur, demandez-« moi toute autre chose, mais pour la vie, il

PRÉFACE.

« n'y a pas moyen. » Cette naïveté passe aussitôt de bouche en bouche, et on rit au milieu du carnage. A combien plus forte raison le rire peut-il succéder dans la comédie à des sentiments touchants! Ne s'attendrit-on pas avec Alcmène? Ne rit-on pas avec Sosie? Quel misérable et vain travail de disputer contre l'expérience! Si ceux qui disputent ainsi ne se payaient pas de raison, et aimaient mieux des vers, on leur citerait ceux-ci :

> L'amour règne par le délire
> Sur ce ridicule univers:
> Tantôt aux esprits de travers
> Il fait rimer de mauvais vers;
> Tantôt il renverse un empire.
> L'œil en feu, le fer à la main,
> Il frémit dans la tragédie;
> Non moins touchant, et plus humain,
> Il anime la comédie:
> Il affadit dans l'élégie,
> Et, dans un madrigal badin,
> Il se joue aux pieds de Sylvie.
> Tous les genres de poésie,
> De Virgile jusqu'à Chaulieu,
> Sont aussi soumis à ce dieu
> Que tous les états de la vie.

PERSONNAGES.

LE COMTE D'OLBAN, seigneur retiré à la campagne.

LA BARONNE DE L'ORME, parente du comte, femme impérieuse, aigre, difficile à vivre.

LA MARQUISE D'OLBAN, mère du comte.

NANINE, fille élevée dans la maison du comte.

PHILIPPE HOMBERT, paysan du voisinage.

BLAISE, jardinier.

GERMON,
MARIN, } domestiques.

La scène est dans le château du comte d'Olban.

NANINE,
COMÉDIE.

ACTE PREMIER.

SCÈNE I.

LE COMTE D'OLBAN, LA BARONNE DE L'ORME.

LA BARONNE.

Il faut parler, il faut, monsieur le comte,
Vous expliquer nettement sur mon compte.
Ni vous ni moi n'avons un cœur tout neuf;
Vous êtes libre, et depuis deux ans veuf:
Devers ce temps j'eus cet honneur moi-même;
Et nos procès, dont l'embarras extrême
Était si triste et si peu fait pour nous,
Sont enterrés, ainsi que mon époux.

LE COMTE.
Oui, tout procès m'est fort insupportable.

LA BARONNE.
Ne suis-je pas comme eux fort haïssable?

LE COMTE.
Qui? vous, madame?

LA BARONNE.
    Oui, moi. Depuis deux ans,
Libres tous deux, comme tous deux parents,
Pour terminer nous habitons ensemble:
Le sang, le goût, l'intérêt nous rassemble.

LE COMTE.
Ah! l'intérêt! parlez mieux.
LA BARONNE.
Non, monsieur.
Je parle bien, et c'est avec douleur,
Et je sais trop que votre ame inconstante
Ne me voit plus que comme une parente.
LE COMTE.
Je n'ai pas l'air d'un volage, je croi.
LA BARONNE.
Vous avez l'air de me manquer de foi.
LE COMTE, à part.
Ah!
LA BARONNE.
Vous savez que cette longue guerre,
Que mon mari vous faisait pour ma terre,
A dû finir en confondant nos droits
Dans un hymen dicté par notre choix :
Votre promesse à ma foi vous engage :
Vous différez, et qui diffère outrage.
LE COMTE.
J'attends ma mère.
LA BARONNE.
Elle radote : bon!
LE COMTE.
Je la respecte, et je l'aime.
LA BARONNE.
Et moi, non.
Mais pour me faire un affront qui m'étonne,
Assurément vous n'attendez personne,
Perfide! ingrat!

ACTE I, SCÈNE I.

LE COMTE.

D'où vient ce grand courroux ?
Qui vous a donc dit tout cela ?

LA BARONNE.

Qui ? vous !
Vous, votre ton, votre air d'indifférence,
Votre conduite, en un mot, qui m'offense,
Qui me soulève, et qui choque mes yeux !
Ayez moins tort, ou défendez-vous mieux.
Ne vois-je pas l'indignité, la honte,
L'excès, l'affront du goût qui vous surmonte ?
Quoi ! pour l'objet le plus vil, le plus bas,
Vous me trompez !

LE COMTE.

Non, je ne trompe pas ;
Dissimuler n'est pas mon caractère :
J'étais à vous, vous aviez su me plaire,
Et j'espérais avec vous retrouver
Ce que le ciel a voulu m'enlever,
Goûter en paix, dans cet heureux asile,
Les nouveaux fruits d'un nœud doux et tranquille ;
Mais vous cherchez à détruire vos lois.
Je vous l'ai dit, l'amour a deux carquois ;
L'un est rempli de ces traits tout de flamme,
Dont la douceur porte la paix dans l'ame,
Qui rend plus purs nos goûts, nos sentiments,
Nos soins plus vifs, nos plaisirs plus touchants :
L'autre n'est plein que de flèches cruelles,
Qui, répandant les soupçons, les querelles,
Rebutent l'ame, y portent la tiédeur,
Font succéder les dégoûts à l'ardeur :

Voilà les traits que vous prenez vous-même
Contre nous deux ; et vous voulez qu'on aime !
LA BARONNE.
Oui, j'aurai tort ! Quand vous vous détachez,
C'est donc à moi que vous le reprochez.
Je dois souffrir vos belles incartades,
Vos procédés, vos comparaisons fades.
Qu'ai-je donc fait, pour perdre votre cœur ?
Que me peut-on reprocher ?
LE COMTE.
Votre humeur.
N'en doutez pas : oui, la beauté, madame,
Ne plaît qu'aux yeux ; la douceur charme l'ame.
LA BARONNE.
Mais êtes-vous sans humeur, vous ?
LE COMTE.
Moi ? non ;
J'en ai sans doute, et, pour cette raison,
Je veux, madame, une femme indulgente,
Dont la beauté douce et compatissante,
A mes défauts facile à se plier,
Daigne avec moi me réconcilier,
Me corriger sans prendre un ton caustique,
Me gouverner sans être tyrannique,
Et dans mon cœur pénétrer pas à pas,
Comme un jour doux dans des yeux délicats.
Qui sent le joug le porte avec murmure ;
L'amour tyran est un dieu que j'abjure.
Je veux aimer, et ne veux point servir ;
C'est votre orgueil qui peut seul m'avilir.
J'ai des défauts ; mais le ciel fit les femmes
Pour corriger le levain de nos ames,

ACTE I, SCÈNE I.

Pour adoucir nos chagrins, nos humeurs,
Pour nous calmer, pour nous rendre meilleurs.
C'est là leur lot ; et pour moi, je préfère
Laideur affable à beauté rude et fière.

LA BARONNE.

C'est fort bien dit, traître ! vous prétendez,
Quand vous m'outrez, m'insultez, m'excédez,
Que je pardonne, en lâche complaisante,
De vos amours la honte extravagante ?
Et qu'à mes yeux un faux air de hauteur
Excuse en vous les bassesses du cœur ?

LE COMTE.

Comment, madame ?

LA BARONNE.

          Oui, la jeune Nanine
Fait tout mon tort. Un enfant vous domine,
Une servante, une fille des champs,
Que j'élevai par mes soins imprudents,
Que par pitié votre facile mère
Daigna tirer du sein de la misère.
Vous rougissez!

LE COMTE.

     Moi ! je lui veux du bien.

LA BARONNE.

Non, vous l'aimez, j'en suis très sûre.

LE COMTE.

                  Eh bien !
Si je l'aimais, apprenez donc, madame,
Que hautement je publierais ma flamme.

LA BARONNE.

Vous en êtes capable.

LE COMTE.
Assurément.

LA BARONNE.
Vous oseriez trahir impudemment
De votre rang toute la bienséance ;
Humilier ainsi votre naissance ;
Et, dans la honte où vos sens sont plongés,
Braver l'honneur !

LE COMTE.
Dites, les préjugés.
Je ne prends point, quoi qu'on en puisse croire,
La vanité pour l'honneur et la gloire.
L'éclat vous plaît ; vous mettez la grandeur
Dans des blasons : je la veux dans le cœur.
L'homme de bien, modeste avec courage,
Et la beauté spirituelle, sage,
Sans bien, sans nom, sans tous ces titres vains,
Sont à mes yeux les premiers des humains.

LA BARONNE.
Il faut au moins être bon gentilhomme.
Un vil savant, un obscur honnête homme,
Serait chez vous, pour un peu de vertu,
Comme un seigneur avec honneur reçu ?

LE COMTE.
Le vertueux aurait la préférence.

LA BARONNE.
Peut-on souffrir cette humble extravagance ?
Ne doit-on rien, s'il vous plaît, à son rang ?

LE COMTE.
Être honnête homme est ce qu'on doit.

LA BARONNE.
Mon sang
Exigerait un plus haut caractère.

LE COMTE.
Il est très haut, il brave le vulgaire.
LA BARONNE.
Vous dégradez ainsi la qualité !
LE COMTE.
Non ; mais j'honore ainsi l'humanité.
LA BARONNE.
Vous êtes fou ; quoi ! le public, l'usage...!
LE COMTE.
L'usage est fait pour le mépris du sage ;
Je me conforme à ses ordres gênants,
Pour mes habits, non pour mes sentiments.
Il faut être homme, et d'une ame sensée
Avoir à soi ses goûts et sa pensée.
Irai-je en sot aux autres m'informer
Qui je dois fuir, chercher, louer, blâmer ?
Quoi ! de mon être il faudra qu'on décide ?
J'ai ma raison ; c'est ma mode, et mon guide.
Le singe est né pour être imitateur,
Et l'homme doit agir d'après son cœur.
LA BARONNE.
Voilà parler en homme libre, en sage.
Allez, aimez des filles de village,
Cœur noble et grand, soyez l'heureux rival
Du magister et du greffier fiscal ;
Soutenez bien l'honneur de votre race.
LE COMTE.
Ah, juste ciel ! que faut-il que je fasse ?

SCÈNE II.

LE COMTE, LA BARONNE, BLAISE.

LE COMTE.

Que veux-tu, toi ?

BLAISE.

C'est votre jardinier,
Qui vient, monsieur, humblement supplier
Votre grandeur....

LE COMTE.

Ma grandeur ! Eh bien ! Blaise,
Que te faut-il ?

BLAISE.

Mais c'est, ne vous déplaise,
Que je voudrais me marier....

LE COMTE.

D'accord,
Très volontiers ; ce projet me plaît fort.
Je t'aiderai ; j'aime qu'on se marie :
Et la future, est-elle un peu jolie ?

BLAISE.

Ah, oui, ma foi ! c'est un morceau friand.

LA BARONNE.

Et Blaise en est aimé ?

BLAISE.

Certainement.

LE COMTE.

Et nous nommons cette beauté divine ?

BLAISE.

Mais, c'est....

ACTE I, SCÈNE II.

LE COMTE.
Eh bien?

BLAISE.
C'est la belle Nanine.

LE COMTE.
Nanine?

LA BARONNE.
Ah! bon! Je ne m'oppose point
A de pareils amours.

LE COMTE, à part.
Ciel! à quel point
On m'avilit! Non, je ne le puis être.

BLAISE.
Ce parti-là doit bien plaire à mon maître.

LE COMTE.
Tu dis qu'on t'aime, impudent!

BLAISE.
Ah! pardon.

LE COMTE.
T'a-t-elle dit qu'elle t'aimât?

BLAISE.
Mais.... non,
Pas tout-à-fait; elle m'a fait entendre
Tant seulement qu'elle a pour nous du tendre;
D'un ton si bon, si doux, si familier,
Elle m'a dit cent fois, Cher jardinier,
Cher ami Blaise, aide-moi donc à faire
Un beau bouquet de fleurs, qui puisse plaire
A monseigneur, à ce maître charmant;
Et puis d'un air si touché, si touchant,
Elle faisait ce bouquet; et sa vue
Était troublée; elle était tout émue,

Toute rêveuse, avec un certain air,
Un air, là, qui.... peste, l'on y voit clair.
LE COMTE.
Blaise, va-t'en.... Quoi ! j'aurais su lui plaire !
BLAISE.
Çà, n'allez pas traînasser notre affaire.
LE COMTE.
Hem !....
BLAISE.
Vous verrez comme ce terrain-là
Entre mes mains bientôt profitera.
Répondez donc ; pourquoi ne me rien dire ?
LE COMTE.
Ah ! mon cœur est trop plein. Je me retire....
Adieu, madame.

SCÈNE III.
LA BARONNE, BLAISE.

LA BARONNE.
Il l'aime comme un fou,
J'en suis certaine. Et comment donc, par où,
Par quels attraits, par quelle heureuse adresse
A-t-elle pu me ravir sa tendresse ?
Nanine ! ô ciel ! quel choix ! quelle fureur !
Nanine ! non ; j'en mourrai de douleur.
BLAISE, *revenant.*
Ah ! vous parlez de Nanine.
LA BARONNE.
Insolente !
BLAISE.
Est-il pas vrai que Nanine est charmante ?

LA BARONNE.

Non.

BLAISE.

Eh! si fait : parlez un peu pour nous,
Protégez Blaise.

LA BARONNE.

Ah, quels horribles coups!

BLAISE.

J'ai des écus; Pierre Blaise mon père
M'a bien laissé trois bons journaux de terre:
Tout est pour elle, écus comptants, journaux,
Tout mon avoir, et tout ce que je vaux;
Mon corps, mon cœur, tout moi-même, tout Blaise.

LA BARONNE.

Autant que toi crois que j'en serais aise ;
Mon pauvre enfant, si je puis te servir,
Tous deux ce soir je voudrais vous unir :
Je lui paierai sa dot.

BLAISE.

Digne baronne,
Que j'aimerai votre chère personne!
Que de plaisir! est-il possible!

LA BARONNE.

Hélas!
Je crains, ami, de ne réussir pas.

BLAISE.

Ah! par pitié, réussissez, madame.

LA BARONNE.

Va, plût au ciel qu'elle devînt ta femme!
Attends mon ordre.

BLAISE.

Eh! puis-je attendre?

LA BARONNE.

Va.

BLAISE.
Adieu. J'aurai, ma foi ! cet enfant-là.

SCÈNE IV.

LA BARONNE.

Vit-on jamais une telle aventure ?
Peut-on sentir une plus vive injure ;
Plus lâchement se voir sacrifier ?
Le comte Olban rival d'un jardinier !
(à un laquais.)
Holà ! quelqu'un ! Qu'on appelle Nanine.
C'est mon malheur qu'il faut que j'examine.
Où pourrait-elle avoir pris l'art flatteur,
L'art de séduire et de garder un cœur,
L'art d'allumer un feu vif et qui dure ?
Où ? dans ses yeux, dans la simple nature.
Je crois pourtant que cet indigne amour
N'a point encore osé se mettre au jour.
J'ai vu qu'Olban se respecte avec elle ;
Ah ! c'est encore une douleur nouvelle !
J'espérerais, s'il se respectait moins.
D'un amour vrai le traître a tous les soins.
Ah ! la voici : je me sens au supplice.
Que la nature est pleine d'injustice !
À qui va-t-elle accorder la beauté ?
C'est un affront fait à la qualité.
Approchez-vous, venez, mademoiselle.

SCÈNE V.

LA BARONNE, NANINE.

NANINE.

Madame.

LA BARONNE.
Mais est-elle donc si belle ?
Ces grands yeux noirs ne disent rien du tout,
Mais s'ils ont dit, J'aime.... ah ! je suis à bout.
Possédons-nous. Venez.

NANINE.
Je viens me rendre
À mon devoir.

LA BARONNE.
Vous vous faites attendre
Un peu de temps ; avancez-vous. Comment !
Comme elle est mise ! et quel ajustement !
Il n'est pas fait pour une créature
De votre espèce.

NANINE.
Il est vrai. Je vous jure,
Par mon respect, qu'en secret j'ai rougi
Plus d'une fois d'être vêtue ainsi ;
Mais c'est l'effet de vos bontés premières,
De ces bontés qui me sont toujours chères.
De tant de soins vous daigniez m'honorer !
Vous vous plaisiez vous-même à me parer.
Songez combien vous m'aviez protégée :
Sous cet habit je ne suis point changée.
Voudriez-vous, madame, humilier
Un cœur soumis, qui ne peut s'oublier ?

LA BARONNE.

Approchez-moi ce fauteuil...., Ah! j'enrage....
D'où venez-vous?

NANINE.
Je lisais.

LA BARONNE.
Quel ouvrage?

NANINE.
Un livre anglais, dont on m'a fait présent.

LA BARONNE.
Sur quel sujet?

NANINE.
Il est intéressant :
L'auteur prétend que les hommes sont frères,
Nés tous égaux : mais ce sont des chimères :
Je ne puis croire à cette égalité.

LA BARONNE.
Elle y croira. Quel fonds de vanité!
Que l'on m'apporte ici mon écritoire....

NANINE.
J'y vais.

LA BARONNE.
Restez. Que l'on me donne à boire.

NANINE.
Quoi?

LA BARONNE.
Rien. Prenez mon éventail.... Sortez.
Allez chercher mes gants.... Laissez.... Restez.
Avancez-vous.... Gardez-vous, je vous prie,
D'imaginer que vous soyez jolie.

NANINE.
Vous me l'avez si souvent répété

ACTE I, SCÈNE V.

Que si j'avais ce fonds de vanité,
Si l'amour-propre avait gâté mon ame,
Je vous devrais ma guérison, madame.

LA BARONNE.

Où trouve-t-elle ainsi ce qu'elle dit ?
Que je la hais! quoi! belle, et de l'esprit !
(avec dépit.)
Écoutez-moi. J'eus bien de la tendresse
Pour votre enfance.

NANINE.

Oui. Puisse ma jeunesse
Être honorée encor de vos bontés !

LA BARONNE.

Eh bien, voyez si vous les méritez.
Je prétends, moi, ce jour, cette heure même,
Vous établir ; jugez si je vous aime.

NANINE.

Moi ?

LA BARONNE.

Je vous donne une dot. Votre époux
Est fort bien fait, et très digne de vous ;
C'est un parti de tout point fort sortable ;
C'est le seul même aujourd'hui convenable ;
Et vous devez bien m'en remercier :
C'est, en un mot, Blaise le jardinier.

NANINE.

Blaise, madame ?

LA BARONNE.

Oui. D'où vient ce sourire
Hésitez-vous un moment d'y souscrire ?
Mes offres sont un ordre, entendez-vous ?
Obéissez, ou craignez mon courroux.

NANINE.
Mais....
LA BARONNE.
Apprenez qu'un *mais* est une offense.
Il vous sied bien d'avoir l'impertinence
De refuser un mari de ma main !
Ce cœur si simple est devenu bien vain ;
Mais votre audace est trop prématurée ;
Votre triomphe est de peu de durée.
Vous abusez du caprice d'un jour,
Et vous verrez quel en est le retour.
Petite ingrate, objet de ma colère,
Vous avez donc l'insolence de plaire ?
Vous m'entendez ; je vous ferai rentrer
Dans le néant dont j'ai su vous tirer.
Tu pleureras ton orgueil, ta folie.
Je te ferai renfermer pour ta vie
Dans un couvent.
NANINE.
J'embrasse vos genoux ;
Renfermez-moi ; mon sort sera trop doux.
Oui, des faveurs que vous vouliez me faire,
Cette rigueur est pour moi la plus chère.
Enfermez-moi dans un cloître à jamais :
J'y bénirai mon maître, et vos bienfaits ;
J'y calmerai des alarmes mortelles,
Des maux plus grands, des craintes plus cruelles,
Des sentiments plus dangereux pour moi
Que ce courroux qui me glace d'effroi.
Madame, au nom de ce courroux extrême,
Délivrez-moi, s'il se peut, de moi-même ;
Dès cet instant je suis prête à partir.

ACTE I, SCÈNE V.

LA BARONNE.

Est-il possible? et que viens-je d'ouïr?
Est-il bien vrai? me trompez-vous, Nanine?

NANINE.

Non. Faites-moi cette faveur divine:
Mon cœur en a trop besoin.

LA BARONNE, *avec un emportement de tendresse.*

Lève-toi;
Que je t'embrasse. O jour heureux pour moi,
Ma chère amie! eh bien, je vais sur l'heure
Préparer tout pour ta belle demeure.
Ah! quel plaisir que de vivre en couvent!

NANINE.

C'est pour le moins un abri consolant.

LA BARONNE.

Non; c'est, ma fille, un séjour délectable.

NANINE.

Le croyez-vous?

LA BARONNE.

Le monde est haïssable,
Jaloux....

NANINE.

Oh! oui.

LA BARONNE.

Fou, méchant, vain, trompeur,
Changeant, ingrat; tout cela fait horreur.

NANINE.

Oui; j'entrevois qu'il me serait funeste,
Qu'il faut le fuir....

LA BARONNE.

La chose est manifeste;

Un bon couvent est un port assuré.
Monsieur le comte, ah ! je vous préviendrai.

NANINE.

Que dites-vous de monseigneur ?

LA BARONNE.

Je t'aime
A la fureur ; et dès ce moment même
Je voudrais bien te faire le plaisir
De t'enfermer pour ne jamais sortir.
Mais il est tard, hélas ! il faut attendre
Le point du jour. Ecoute : il faut te rendre
Vers le minuit dans mon appartement.
Nous partirons d'ici secrètement
Pour ton couvent à cinq heures sonnantes :
Sois prête au moins.

SCÈNE VI.

NANINE.

Quelles douleurs cuisantes !
Quel embarras ! quel tourment ! quel dessein !
Quels sentiments combattent dans mon sein !
Hélas ! je fuis le plus aimable maître !
En le fuyant, je l'offense peut-être :
Mais, en restant, l'excès de ses bontés
M'attirerait trop de calamités,
Dans sa maison mettrait un trouble horrible.
Madame croit qu'il est pour moi sensible,
Que jusqu'à moi ce cœur peut s'abaisser :
Je le redoute, et n'ose le penser.
De quel courroux madame est animée !
Quoi ! l'on me hait, et je crains d'être aimée !

Mais, moi ! mais, moi ! je me crains encor plus ;
Mon cœur troublé de lui-même est confus.
Que devenir ? De mon état tirée,
Pour mon malheur je suis trop éclairée.
C'est un danger, c'est peut-être un grand tort
D'avoir une ame au-dessus de son sort.
Il faut partir ; j'en mourrai, mais n'importe.

SCÈNE VII.
LE COMTE, NANINE, UN LAQUAIS.

LE COMTE.

HOLÀ ! quelqu'un, qu'on reste à cette porte.
Des sièges, vite.
(il fait la révérence à Nanine, qui lui en fait une profonde.)
Asseyons-nous ici.

NANINE.

Qui, moi, monsieur ?

LE COMTE.

Oui, je le veux ainsi ;
Et je vous rends ce que votre conduite,
Votre beauté, votre vertu mérite.
Un diamant trouvé dans un désert
Est-il moins beau, moins précieux, moins cher ?
Quoi ! vos beaux yeux semblent mouillés de larmes !
Ah ! je le vois, jalouse de vos charmes,
Notre baronne aura, par ses aigreurs,
Par son courroux, fait répandre vos pleurs.

NANINE.

Non, monsieur, non ; sa bonté respectable
Jamais pour moi ne fut si favorable ;
Et j'avouerai qu'ici tout m'attendrit.

LE COMTE.

Vous me charmez; je craignais son dépit.

NANINE.

Hélas! pourquoi?

LE COMTE.

    Jeune et belle Nanine,
La jalousie en tous les cœurs domine :
L'homme est jaloux dès qu'il peut s'enflammer;
La femme l'est, même avant que d'aimer.
Un jeune objet, beau, doux, discret, sincère,
A tout son sexe est bien sûr de déplaire.
L'homme est plus juste; et d'un sexe jaloux
Nous nous vengeons autant qu'il est en nous.
Croyez surtout que je vous rends justice :
J'aime ce cœur qui n'a point d'artifice;
J'admire encore à quel point vous avez
Développé vos talents cultivés.
De votre esprit la naïve justesse
Me rend surpris autant qu'il m'intéresse.

NANINE.

J'en ai bien peu; mais quoi! je vous ai vu,
Et je vous ai tous les jours entendu :
Vous avez trop relevé ma naissance;
Je vous dois trop; c'est par vous que je pense.

LE COMTE.

Ah! croyez-moi, l'esprit ne s'apprend pas.

NANINE.

Je pense trop pour un état si bas;
Au dernier rang les destins m'ont comprise.

LE COMTE.

Dans le premier vos vertus vous ont mise.

Naïvement dites-moi quel effet
Ce livre anglais sur votre esprit a fait?
NANINE.
Il ne m'a point du tout persuadée;
Plus que jamais, monsieur, j'ai dans l'idée
Qu'il est des cœurs si grands, si généreux,
Que tout le reste est bien vil auprès d'eux.
LE COMTE.
Vous en êtes la preuve.... Ah çà, Nanine,
Permettez-moi qu'ici l'on vous destine
Un sort, un rang, moins indigne de vous.
NANINE.
Hélas! mon sort était trop haut, trop doux.
LE COMTE.
Non. Désormais soyez de la famille:
Ma mère arrive; elle vous voit en fille;
Et mon estime, et sa tendre amitié
Doivent ici vous mettre sur un pied
Fort éloigné de cette indigne gêne
Où vous tenait une femme hautaine.
NANINE.
Elle n'a fait, hélas! que m'avertir
De mes devoirs.... Qu'ils sont durs à remplir!
LE COMTE.
Quoi! quel devoir? Ah! le vôtre est de plaire;
Il est rempli: le nôtre ne l'est guère.
Il vous fallait plus d'aisance et d'éclat:
Vous n'êtes pas encor dans votre état.
NANINE.
J'en suis sortie, et c'est ce qui m'accable;
C'est un malheur peut-être irréparable.

(se levant.)

Ah! monseigneur! ah! mon maître! écartez
De mon esprit toutes ces vanités;
De vos bienfaits confuse, pénétrée,
Laissez-moi vivre à jamais ignorée.
Le ciel me fit pour un état obscur;
L'humilité n'a pour moi rien de dur.
Ah! laissez-moi ma retraite profonde.
Et que ferais-je, et que verrais-je au monde,
Après avoir admiré vos vertus?

LE COMTE.

Non, c'en est trop, je n'y résiste plus.
Qui? vous obscure! vous!

NANINE.

Quoi que je fasse,
Puis-je de vous obtenir une grâce?

LE COMTE.

Qu'ordonnez-vous? parlez.

NANINE.

Depuis un temps
Votre bonté me comble de présents.

LE COMTE.

Eh bien! pardon. J'en agis comme un père,
Un père tendre à qui sa fille est chère.
Je n'ai point l'art d'embellir un présent;
Et je suis juste, et ne suis point galant.
De la fortune il faut venger l'injure :
Elle vous traita mal; mais la nature,
En récompense, a voulu vous doter
De tous ses biens; j'aurais dû l'imiter.

NANINE.

Vous en avez trop fait; mais je me flatte

Qu'il m'est permis, sans que je sois ingrate,
De disposer de ces dons précieux
Que votre main rend si chers à mes yeux.

LE COMTE.

Vous m'outragez.

SCÈNE VIII.

LE COMTE, NANINE, GERMON.

GERMON.

Madame vous demande,
Madame attend.

LE COMTE.

Eh ! que madame attende.
Quoi ! l'on ne peut un moment vous parler,
Sans qu'aussitôt on vienne nous troubler ?

NANINE.

Avec douleur, sans doute, je vous laisse ;
Mais vous savez qu'elle fut ma maîtresse.

LE COMTE.

Non, non, jamais je ne veux le savoir.

NANINE.

Elle conserve un reste de pouvoir.

LE COMTE.

Elle n'en garde aucun, je vous assure.
Vous gémissez.... Quoi ! votre cœur murmure !
Qu'avez-vous donc ?

NANINE.

Je vous quitte à regret ;
Mais il le faut.... O ciel, c'en est donc fait !

(elle sort.)

SCÈNE IX.

LE COMTE, GERMON.

LE COMTE.

ELLE pleurait. D'une femme orgueilleuse
Depuis long-temps l'aigreur capricieuse
La fait gémir sous trop de dureté;
Et de quel droit? par quelle autorité?
Sur ces abus ma raison se récrie.
Ce monde-ci n'est qu'une loterie
De biens, de rangs, de dignités, de droits,
Brigués sans titre, et répandus sans choix.
Hé!

GERMON.

Monseigneur.

LE COMTE.

Demain sur sa toilette
Vous porterez cette somme complète
De trois cents louis d'or; n'y manquez pas;
Puis vous irez chercher ces gens là-bas;
Ils attendront.

GERMON.

Madame la baronne
Aura l'argent que monseigneur me donne
Sur sa toilette.

LE COMTE.

Eh! l'esprit lourd! eh, non!
C'est pour Nanine, entendez-vous?

GERMON.

Pardon.

LE COMTE.

Allez, allez, laissez-moi.

(*Germon sort.*)

Ma tendresse
Assurément n'est point une faiblesse.
Je l'idolâtre, il est vrai; mais mon cœur
Dans ses yeux seuls n'a point pris son ardeur.
Son caractère est fait pour plaire au sage;
Et sa belle ame a mon premier hommage.
Mais son état?... Elle est trop au-dessus;
Fût-il plus bas, je l'en aimerais plus.
Mais puis-je enfin l'épouser? Oui, sans doute.
Pour être heureux qu'est-ce donc qu'il en coûte?
D'un monde vain dois-je craindre l'écueil,
Et de mon goût me priver par orgueil?
Mais la coutume?... Eh bien! elle est cruelle;
Et la nature eut ses droits avant elle.
Eh quoi! rival de Blaise! Pourquoi non?
Blaise est un homme; il l'aime, il a raison.
Elle fera dans une paix profonde
Le bien d'un seul, et les désirs du monde.
Elle doit plaire aux jardiniers, aux rois;
Et mon bonheur justifiera mon choix.

FIN DU PREMIER ACTE.

ACTE SECOND.

SCÈNE I.

LE COMTE D'OLBAN, MARIN.

LE COMTE.

Ah! cette nuit est une année entière.
Que le sommeil est loin de ma paupière!
Tout dort ici; Nanine dort en paix;
Un doux repos rafraîchit ses attraits :
Et moi, je vais, je cours; je veux écrire,
Je n'écris rien; vainement je veux lire,
Mon œil troublé voit les mots sans les voir,
Et mon esprit ne les peut concevoir :
Dans chaque mot, le seul nom de Nanine
Est imprimé par une main divine.
Holà! quelqu'un! qu'on vienne. Quoi! mes gens
Sont-ils pas las de dormir si long-temps?
Germon! Marin!

MARIN, *derrière le théâtre.*
  J'accours.

LE COMTE.
    Quelle paresse!
Eh! venez vîte; il fait jour; le temps presse :
Arrivez donc.

MARIN.
  Eh! monsieur, quel lutin
Vous a sans nous éveillé si matin?

ACTE II, SCÈNE I.

LE COMTE.

L'amour.

MARIN.

Oh! oh! la baronne de l'Orme
Ne permet pas qu'en ce logis on dorme.
Qu'ordonnez-vous?

LE COMTE.

Je veux, mon cher Marin,
Je veux avoir, au plus tard pour demain,
Six chevaux neufs, un nouvel équipage,
Femme de chambre adroite, bonne, et sage,
Valet de chambre avec deux grands laquais,
Point libertins, qui soient jeunes, bien faits;
Des diamants, des boucles des plus belles,
Des bijoux d'or, des étoffes nouvelles.
Pars dans l'instant, cours en poste à Paris;
Crève tous les chevaux.

MARIN.

Vous voilà pris:
J'entends, j'entends; madame la baronne
Est la maîtresse aujourd'hui qu'on nous donne;
Vous l'épousez?

LE COMTE.

Quel que soit mon projet,
Vole, et reviens.

MARIN.

Vous serez satisfait.

SCÈNE II.

LE COMTE, GERMON.

LE COMTE.

Quoi! j'aurai donc cette douceur extrême
De rendre heureux, d'honorer ce que j'aime.
Notre baronne avec fureur criera;
Très volontiers, et tant qu'elle voudra.
Les vains discours, le monde, la baronne,
Rien ne m'émeut, et je ne crains personne;
Aux préjugés c'est trop être soumis :
Il faut les vaincre, ils sont nos ennemis;
Et ceux qui font les esprits raisonnables,
Plus vertueux, sont les seuls respectables.
Eh! mais.... quel bruit entends-je dans ma cour?
C'est un carrosse. Oui.... mais.... au point du jour
Qui peut venir?.... C'est ma mère, peut-être.
Germon....

GERMON, *arrivant.*

Monsieur.

LE COMTE.

Vois ce que ce peut être.

GERMON.

C'est un carrosse.

LE COMTE.

Eh qui? par quel hasard?

Qui vient ici?

GERMON.

L'on ne vient point; l'on part.

LE COMTE.

Comment! on part?

ACTE II, SCÈNE II.

GERMON.

Madame la baronne
Sort tout à l'heure.

LE COMTE.

Oh! je le lui pardonne;
Que pour jamais puisse-t-elle sortir!

GERMON.

Avec Nanine elle est prête à partir.

LE COMTE.

Ciel! que dis-tu? Nanine?

GERMON.

La suivante
Le dit tout haut.

LE COMTE.

Quoi donc?

GERMON.

Votre parente
Part avec elle; elle va, ce matin,
Mettre Nanine à ce couvent voisin.

LE COMTE.

Courons, volons. Mais, quoi! que vais-je faire?
Pour leur parler je suis trop en colère :
N'importe : allons. Quand je devrais.... mais non :
On verrait trop toute ma passion.
Qu'on ferme tout, qu'on vole, qu'on l'arrête;
Répondez-moi d'elle sur votre tête :
Amenez-moi Nanine. *(Germon sort.)*
Ah! juste ciel!
On l'enlevait. Quel jour! quel coup mortel!
Qu'ai-je donc fait? pourquoi? par quel caprice?
Par quelle ingrate et cruelle injustice?

Qu'ai-je donc fait, hélas! que l'adorer,
Sans la contraindre, et sans me déclarer,
Sans alarmer sa timide innocence?
Pourquoi me fuir? je m'y perds, plus j'y pense.

SCÈNE III.

LE COMTE, NANINE.

LE COMTE.

BELLE Nanine, est-ce vous que je voi?
Quoi! vous voulez vous dérober à moi!
Ah! répondez, expliquez-vous, de grâce.
Vous avez craint, sans doute, la menace
De la baronne; et ces purs sentiments,
Que vos vertus m'inspirent dès long-temps,
Plus que jamais l'auront, sans doute, aigrie.
Vous n'auriez point de vous-même eu l'envie
De nous quitter, d'arracher à ces lieux
Le seul éclat que leur prêtaient vos yeux?
Hier au soir, de pleurs toute trempée,
De ce dessein étiez-vous occupée?
Répondez donc. Pourquoi me quittiez-vous?

NANINE.

Vous me voyez tremblante à vos genoux.

LE COMTE, *la relevant.*

Ah! parlez-moi. Je tremble plus encore.

NANINE.

Madame....

LE COMTE.

Eh bien?

ACTE II, SCÈNE III.

NANINE.
　　　　　Madame, que j'honore,
Pour le couvent n'a point forcé mes vœux.
LE COMTE.
Ce serait vous ? qu'entends-je ? ah, malheureux !
NANINE.
Je vous l'avoue; oui, je l'ai conjurée
De mettre un frein à mon ame égarée....
Elle voulait, monsieur, me marier.
LE COMTE.
Elle ! à qui donc ?
NANINE.
　　　　A votre jardinier.
LE COMTE.
Le digne choix !
NANINE.
　　　　　Et moi, toute honteuse,
Plus qu'on ne croit peut-être malheureuse,
Moi qui repousse avec un vain effort
Des sentiments au-dessus de mon sort,
Que vos bontés avaient trop élevée,
Pour m'en punir, j'en dois être privée.
LE COMTE.
Vous, vous punir ? ah ! Nanine ! et de quoi ?
NANINE.
D'avoir osé soulever contre moi
Votre parente, autrefois ma maîtresse.
Je lui déplais ; mon seul aspect la blesse :
Elle a raison ; et j'ai près d'elle, hélas !
Un tort bien grand.... qui ne finira pas.
J'ai craint ce tort ; il est peut-être extrême.
J'ai prétendu m'arracher à moi-même,

Et déchirer dans les austérités
Ce cœur trop haut, trop fier de vos bontés,
Venger sur lui sa faute involontaire.
Mais ma douleur, hélas! la plus amère,
En perdant tout, en courant m'éclipser,
En vous fuyant, fut de vous offenser.

LE COMTE, *se détournant et se promenant.*

Quels sentiments! et quelle ame ingénue!
En ma faveur est-elle prévenue?
A-t-elle craint de m'aimer? ô vertu!

NANINE.

Cent fois pardon, si je vous ai déplu :
Mais permettez qu'au fond d'une retraite
J'aille cacher ma douleur inquiète,
M'entretenir en secret à jamais
De mes devoirs, de vous, de vos bienfaits.

LE COMTE.

N'en parlons plus. Écoutez : la baronne
Vous favorise, et noblement vous donne
Un domestique, un rustre pour époux;
Moi, j'en sais un moins indigne de vous :
Il est d'un rang fort au-dessus de Blaise,
Jeune, honnête homme; il est fort à son aise :
Je vous réponds qu'il a des sentiments :
Son caractère est loin des mœurs du temps;
Et je me trompe, ou pour vous j'envisage
Un destin doux, un excellent ménage.
Un tel parti flatte-t-il votre cœur?
Vaut-il pas bien le couvent?

NANINE.

Non, monsieur,...
Ce nouveau bien que vous daignez me faire,

Je l'avouerai, ne peut me satisfaire.
Vous pénétrez mon cœur reconnaissant :
Daignez y lire, et voyez ce qu'il sent;
Voyez sur quoi ma retraite se fonde.
Un jardinier, un monarque du monde,
Qui pour époux s'offriraient à mes vœux,
Également me déplairaient tous deux.

LE COMTE.

Vous décidez mon sort. Eh bien, Nanine,
Connaissez donc celui qu'on vous destine :
Vous l'estimez; il est sous votre loi;
Il vous adore, et cet époux.... c'est moi.
(*à part.*)
L'étonnement, le trouble l'a saisie.
(*à Nanine.*)
Ah! parlez-moi: disposez de ma vie;
Ah! reprenez vos sens trop agités.

NANINE.

Qu'ai-je entendu?

LE COMTE.

Ce que vous méritez.

NANINE.

Quoi! vous m'aimez?.... Ah! gardez-vous de croire
Que j'ose user d'une telle victoire.
Non, monsieur, non, je ne souffrirai pas
Qu'ainsi pour moi vous descendiez si bas :
Un tel hymen est toujours trop funeste;
Le goût se passe, et le repentir reste.
J'ose à vos pieds attester vos aïeux....
Hélas! sur moi ne jetez point les yeux.
Vous avez pris pitié de mon jeune âge;
Formé par vous, ce cœur est votre ouvrage;

Il en serait indigne désormais
S'il acceptait le plus grand des bienfaits.
Oui, je vous dois des refus. Oui, mon ame
Doit s'immoler.

LE COMTE.

Non, vous serez ma femme.
Quoi ! tout-à-l'heure ici vous m'assuriez,
Vous l'avez dit, que vous refuseriez
Tout autre époux, fût-ce un prince.

NANINE.

Oui, sans doute,
Et ce n'est pas ce refus qui me coûte.

LE COMTE.

Mais me haïssez-vous ?

NANINE.

Aurais-je fui,
Craindrais-je tant, si vous étiez haï ?

LE COMTE.

Ah ! ce mot seul a fait ma destinée.

NANINE.

Eh ! que prétendez-vous ?

LE COMTE.

Notre hyménée.

NANINE.

Songez...

LE COMTE.

Je songe à tout.

NANINE.

Mais prévoyez....

LE COMTE.

Tout est prévu.

NANINE.

Si vous m'aimez, croyez....

LE COMTE.

Je crois former le bonheur de ma vie.

NANINE.

Vous oubliez....

LE COMTE.

Il n'est rien que j'oublie.
Tout sera prêt, et tout est ordonné....

NANINE.

Quoi! malgré moi votre amour obstiné....

LE COMTE.

Oui, malgré vous, ma flamme impatiente
Va tout presser pour cette heure charmante.
Un seul instant je quitte vos attraits,
Pour que mes yeux n'en soient privés jamais.
Adieu, Nanine, adieu, vous que j'adore.

SCÈNE IV.

NANINE.

Ciel! est-ce un rêve? et puis-je croire encore
Que je parvienne au comble du bonheur?
Non, ce n'est pas l'excès d'un tel honneur,
Tout grand qu'il est, qui me plaît et me frappe;
A mes regards tant de grandeur échappe:
Mais épouser ce mortel généreux,
Lui, cet objet de mes timides vœux,
Lui, que j'avais tant craint d'aimer, que j'aime,
Lui, qui m'élève au-dessus de moi-même;
Je l'aime trop pour pouvoir l'avilir:
Je devrais.... Non, je ne puis plus le fuir;

Non.... Mon état ne saurait se comprendre.
Moi, l'épouser! quel parti dois-je prendre?
Le ciel pourra m'éclairer aujourd'hui;
Dans ma faiblesse il m'envoie un appui.
Peut-être même.... Allons; il faut écrire,
Il faut.... Par où commencer, et que dire?
Quelle surprise! Écrivons promptement,
Avant d'oser prendre un engagement.

(elle se met à écrire.)

SCÈNE V.

NANINE, BLAISE.

BLAISE.

Ah! la voici. Madame la baronne
En ma faveur vous a parlé, mignonne.
Ouais, elle écrit sans me voir seulement.

NANINE, *écrivant toujours.*

Blaise, bon jour.

BLAISE.

Bon jour est sec, vraiment.

NANINE, *écrivant.*

A chaque mot mon embarras redouble;
Toute ma lettre est pleine de mon trouble.

BLAISE.

Le grand génie! elle écrit tout courant;
Qu'elle a d'esprit! et que n'en ai-je autant!
Ça, je disais....

NANINE.

Eh bien?

ACTE II, SCÈNE V.

BLAISE.
Elle m'impose
Par son maintien; devant elle je n'ose
M'expliquer.... là.... tout comme je voudrais:
Je suis venu cependant tout exprès.

NANINE.
Cher Blaise, il faut me rendre un grand service.

BLAISE.
Oh! deux plutôt.

NANINE.
Je te fais la justice
De me fier à ta discrétion,
A ton bon cœur.

BLAISE.
Oh! parlez sans façon:
Car, voyez-vous, Blaise est prêt à tout faire
Pour vous servir; vîte, point de mystère.

NANINE.
Tu vas souvent au village prochain,
A Rémival, à droite du chemin?

BLAISE.
Oui.

NANINE.
Pourrais-tu trouver dans ce village
Philippe Hombert?

BLAISE.
Non. Quel est ce visage?
Philippe Hombert? je ne connais pas ça.

NANINE.
Hier au soir je crois qu'il arriva;
Informe-t'en. Tâche de lui remettre,
Mais sans délai, cet argent, cette lettre.

BLAISE.

Oh ! de l'argent !

NANINE.

Donne aussi ce paquet :
Monte à cheval pour avoir plus tôt fait ;
Pars, et sois sûr de ma reconnaissance.

BLAISE.

J'irais pour vous au fin fond de la France.
Philippe Hombert est un heureux manant ;
La bourse est pleine : ah ! que d'argent comptant !
Est-ce une dette ?

NANINE.

Elle est très-avérée.
Il n'en est point, Blaise, de plus sacrée ;
Écoute : Hombert est peut-être inconnu ;
Peut-être même il n'est pas revenu.
Mon cher ami, tu me rendras ma lettre,
Si tu ne peux en ses mains la remettre.

BLAISE.

Mon cher ami !

NANINE.

Je me fie à ta foi.

BLAISE.

Son cher ami !

NANINE.

Va, j'attends tout de toi.

SCÈNE VI.

LA BARONNE, BLAISE.

BLAISE.

D'où diable vient cet argent? quel message!
Il nous aurait aidé dans le ménage!
Allons, elle a pour nous de l'amitié;
Et ça vaut mieux que de l'argent, morgué :
Courons, courons.

(il met l'argent et le paquet dans sa poche; il rencontre la baronne, et la heurte.)

LA BARONNE.

Eh, le butor!... arrête.
L'étourdi m'a pensé casser la tête.

BLAISE.

Pardon, madame.

LA BARONNE.

Où vas-tu? que tiens-tu?
Que fait Nanine? As-tu rien entendu?
Monsieur le comte est-il bien en colère?
Quel billet est-ce là?

BLAISE.

C'est un mystère.
Peste!...

LA BARONNE.

Voyons.

BLAISE.

Nanine gronderait.

LA BARONNE.

Comment dis-tu? Nanine! elle pourrait

Avoir écrit, te charger d'un message !
Donne, ou je romps soudain ton mariage :
Donne, te dis-je.

BLAISE, *riant.*

Ho, ho.

LA BARONNE.

De quoi ris-tu ?

BLAISE, *riant encore.*

Ha, ha.

LA BARONNE.

J'en veux savoir le contenu.
(*elle décachette la lettre.*)
Il m'intéresse, ou je suis bien trompée.

BLAISE, *riant encore.*

Ha, ha, ha, ha, qu'elle est bien attrapée !
Elle n'a là qu'un chiffon de papier ;
Moi, j'ai l'argent, et je m'en vais payer
Philippe Hombert : faut servir sa maîtresse.
Courons.

SCÈNE VII.

LA BARONNE.

Lisons. « Ma joie et ma tendresse
« Sont sans mesure, ainsi que mon bonheur :
« Vous arrivez, quel moment pour mon cœur !
« Quoi ! je ne puis vous voir et vous entendre !
« Entre vos bras je ne puis me jeter !
« Je vous conjure au moins de vouloir prendre
« Ces deux paquets ; daignez les accepter.
« Sachez qu'on m'offre un sort digne d'envie,
« Et dont il est permis de s'éblouir :

« Mais il n'est rien que je ne sacrifie
« Au seul mortel que mon cœur doit chérir. »
Ouais. Voilà donc le style de Nanine !
Comme elle écrit, l'innocente orpheline !
Comme elle fait parler la passion !
En vérité ce billet est bien bon.
Tout est parfait, je ne me sens pas d'aise.
Ah, ah, rusée, ainsi vous trompiez Blaise !
Vous m'enleviez en secret mon amant.
Vous avez feint d'aller dans un couvent ;
Et tout l'argent que le comte vous donne,
C'est pour Philippe Hombert ? fort bien, friponne,
J'en suis charmée, et le perfide amour
Du comte Olban méritait bien ce tour.
Je m'en doutais que le cœur de Nanine
Était plus bas que sa basse origine.

SCÈNE VIII.
LE COMTE, LA BARONNE.

LA BARONNE.

VENEZ, venez, homme à grands sentiments,
Homme au-dessus des préjugés du temps,
Sage amoureux, philosophe sensible,
Vous allez voir un trait assez risible.
Vous connaissez sans doute à Rémival
Monsieur Philippe Hombert, votre rival ?

LE COMTE.
Ah ! quels discours vous me tenez !

LA BARONNE.
                              Peut-être
Ce billet-là vous le fera connaître.
Je crois qu'Hombert est un fort beau garçon.

LE COMTE.
Tous vos efforts ne sont plus de saison :
Mon parti pris, je suis inébranlable.
Contentez-vous du tour abominable
Que vous vouliez me jouer ce matin.

LA BARONNE.
Ce nouveau tour est un peu plus malin.
Tenez, lisez. Ceci pourra vous plaire;
Vous connaîtrez les mœurs, le caractère
Du digne objet qui vous a subjugué.
(tandis que le comte lit.)
Tout en lisant il me semble intrigué.
Il a pâli; l'affaire émeut sa bile....
Eh bien! monsieur, que pensez-vous du style?
Il ne voit rien, ne dit rien, n'entend rien :
Oh! le pauvre homme! il le méritait bien.

LE COMTE.
Ai-je bien lu? Je demeure stupide.
O tour affreux, sexe ingrat, cœur perfide!

LA BARONNE.
Je le connais, il est né violent;
Il est prompt, ferme, il va dans un moment
Prendre un parti.

SCÈNE IX.

LE COMTE, LA BARONNE, GERMON.

GERMON.
Voici dans l'avenue
Madame Olban.

LA BARONNE.
La vieille est revenue?

ACTE II, SCÈNE IX.

GERMON.
Madame votre mère, entendez-vous?
Est près d'ici, monsieur.

LA BARONNE.
Dans son courroux,
Il est devenu sourd. La lettre opère.

GERMON, *criant.*
Monsieur.

LE COMTE.
Plaît-il?

GERMON, *haut.*
Madame votre mère,
Monsieur.

LE COMTE.
Que fait Nanine en ce moment?

GERMON.
Mais.... elle écrit dans son appartement.

LE COMTE, *d'un air froid et sec.*
Allez saisir ses papiers, allez prendre
Ce qu'elle écrit; vous viendrez me le rendre;
Qu'on la renvoie à l'instant.

GERMON.
Qui, monsieur?

LE COMTE.
Nanine.

GERMON.
Non, je n'aurais pas ce cœur :
Si vous saviez à quel point sa personne
Nous charme tous; comme elle est noble, bonne!

LE COMTE.
Obéissez, ou je vous chasse.

GERMON.
Allons. (*il sort.*)

SCÈNE X.

LE COMTE, LA BARONNE.

LA BARONNE.

Ah! je respire : enfin nous l'emportons;
Vous devenez un homme raisonnable.
Ah çà, voyez s'il n'est pas véritable
Qu'on tient toujours de son premier état,
Et que les gens dans un certain éclat,
Ont un cœur noble, ainsi que leur personne?
Le sang fait tout, et la naissance donne
Des sentiments à Nanine inconnus.

LE COMTE.

Je n'en crois rien ; mais soit, n'en parlons plus :
Réparons tout. Le plus sage, en sa vie,
A quelquefois ses accès de folie :
Chacun s'égare ; et le moins imprudent
Est celui-là qui plutôt se repent.

LA BARONNE.

Oui.

LE COMTE.

    Pour jamais cessez de parler d'elle.

LA BARONNE.

Très volontiers.

LE COMTE.

    Ce sujet de querelle
Doit s'oublier.

LA BARONNE.

    Mais vous, de vos serments
Souvenez-vous.

LE COMTE.
Fort bien. Je vous entends;
Je les tiendrai.
LA BARONNE.
Ce n'est qu'un prompt hommage
Qui peut ici réparer mon outrage.
Indignement notre hymen différé
Est un affront.
LE COMTE.
Il sera réparé.
Madame; il faut....
LA BARONNE.
Il ne faut qu'un notaire.
LE COMTE.
Vous savez bien.... que j'attendais ma mère.
LA BARONNE.
Elle est ici.

SCÈNE XI.

LA MARQUISE, LE COMTE, LA BARONNE.

LE COMTE, *à sa mère.*
MADAME, j'aurais dû....
(*à part.*) (*à sa mère.*)
Philippe Hombert !.... Vous m'avez prévenu;
Et mon respect, mon zèle, ma tendresse....
(*à part.*)
Avec cet air innocent, la traîtresse !
LA MARQUISE.
Mais vous extravaguez, mon très cher fils.
On m'avait dit, en passant par Paris,

Que vous aviez la tête un peu frappée :
Je m'aperçois qu'on ne m'a pas trompée :
Mais ce mal-là....

LE COMTE.

Ciel, que je suis confus !

LA MARQUISE.

Prend-il souvent ?

LE COMTE.

Il ne me prendra plus.

LA MARQUISE.

Çà, je voudrais ici vous parler seule.
(faisant une petite révérence à la baronne.)
Bon jour, madame.

LA BARONNE, *à part.*

Hom ! la vieille bégueule !
Madame, il faut vous laisser le plaisir
D'entretenir monsieur tout à loisir.
Je me retire.

(elle sort.)

SCÈNE XII.

LA MARQUISE, LE COMTE.

LA MARQUISE, *parlant fort vite, et d'un ton de petite vieille babillarde.*

Eh bien ! monsieur le comte,
Vous faites donc à la fin votre compte
De me donner la baronne pour bru ;
C'est sur cela que j'ai vite accouru.
Votre baronne est une acariâtre,
Impertinente, altière, opiniâtre,

ACTE II, SCÈNE XII.

Qui n'eut jamais pour moi le moindre égard ;
Qui l'an passé, chez la marquise Agard,
En plein souper me traita de bavarde :
D'y plus souper désormais dieu me garde !
Bavarde, moi ! Je sais d'ailleurs très bien
Qu'elle n'a pas, entre nous, tant de bien :
C'est un grand point ; il faut qu'on s'en informe ;
Car on m'a dit que son château de l'Orme
A son mari n'appartient qu'à moitié ;
Qu'un vieux procès, qui n'est pas oublié,
Lui disputait la moitié de la terre :
J'ai su cela de feu votre grand-père :
Il disait vrai, c'était un homme, lui :
On n'en voit plus de sa trempe aujourd'hui.
Paris est plein de ces petits bouts-d'homme,
Vains, fiers, fous, sots, dont le caquet m'assomme,
Parlant de tout avec l'air empressé,
Et se moquant toujours du temps passé.
J'entends parler de nouvelle cuisine,
De nouveaux goûts ; on crève, on se ruine :
Les femmes sont sans frein, et les maris
Sont des benê's. Tout va de pis en pis.

LE COMTE, *relisant le billet.*

Qui l'aurait cru ? ce trait me désespère.
Eh bien, Germon ?

SCÈNE XIII.

LA MARQUISE, LE COMTE, GERMON.

GERMON.

Voici votre notaire.

LE COMTE.

Oh ! qu'il attende.

GERMON.

Et voici le papier
Qu'elle devait, monsieur, vous envoyer.

LE COMTE, *lisant.*

Donne.... Fort bien. Elle m'aime, dit-elle,
Et, par respect, me refuse.... Infidèle !
Tu ne dis pas la raison du refus !

LA MARQUISE.

Ma foi ! mon fils a le cerveau perclus :
C'est sa baronne ; et l'amour le domine.

LE COMTE, *à Germon.*

M'a-t-on bientôt délivré de Nanine ?

GERMON.

Hélas ! monsieur, elle a déja repris
Modestement ses champêtres habits,
Sans dire un mot de plainte et de murmure.

LE COMTE

Je le crois bien.

GERMON.

Elle a pris cette injure
Tranquillement, lorsque nous pleurons tous.

LE COMTE.

Tranquillement ?

LA MARQUISE.

Hem ! de qui parlez-vous ?

GERMON.

Nanine, hélas ! madame, que l'on chasse :
Tout le château pleure de sa disgrâce.

LA MARQUISE.

Vous la chassez? je n'entends point cela.
Quoi! ma Nanine? Allons, rappelez-la.
Qu'a-t-elle fait, ma charmante orpheline?
C'est moi, mon fils, qui vous donnai Nanine.
Je me souviens qu'à l'âge de dix ans
Elle enchantait tout le monde céans.
Notre baronne ici la prit pour elle;
Et je prédis dès-lors que cette belle
Serait fort mal; et j'ai très bien prédit:
Mais j'eus toujours chez vous peu de crédit,
Vous prétendez tout faire à votre tête.
Chasser Nanine est un trait mal-honnête.

LE COMTE.

Quoi! seule, à pied, sans secours, sans argent?

GERMON.

Ah! j'oubliais de dire qu'à l'instant
Un vieux bon-homme à vos gens se présente:
Il dit que c'est une affaire importante,
Qu'il ne saurait communiquer qu'à vous;
Il veut, dit-il, se mettre à vos genoux.

LE COMTE.

Dans le chagrin où mon cœur s'abandonne,
Suis-je en état de parler à personne?

LA MARQUISE.

Ah! vous avez du chagrin, je le croi;
Vous m'en donnez aussi beaucoup à moi.
Chasser Nanine, et faire un mariage
Qui me déplaît! non, vous n'êtes pas sage.
Allez; trois mois ne seront pas passés
Que vous serez l'un de l'autre lassés.
Je vous prédis la pareille aventure

Qu'à mon cousin le marquis de Marmure.
Sa femme était aigre comme verjus;
Mais, entre nous, la vôtre l'est bien plus.
En s'épousant, ils crurent qu'ils s'aimèrent;
Deux mois après tous deux se séparèrent :
Madame alla vivre avec un galant,
Fat, petit-maître, escroc, extravagant;
Et monsieur prit une franche coquette,
Une intrigante et friponne parfaite;
Des soupers fins, la petite maison,
Chevaux, habits, maître-d'hôtel fripon,
Bijoux nouveaux pris à crédit, notaires,
Contrats vendus, et dettes usuraires :
Enfin monsieur et madame, en deux ans,
A l'hôpital allèrent tout d'un temps.
Je me souviens encor d'une autre histoire,
Bien plus tragique, et difficile à croire;
C'était....

LE COMTE.
Ma mère, il faut aller dîner.
Venez.... O ciel! ai-je pu soupçonner
Pareille horreur!

LA MARQUISE.
Elle est épouvantable.
Allons, je vais la raconter à table;
Et vous pourrez tirer un grand profit
En temps et lieu de tout ce que j'ai dit.

FIN DU SECOND ACTE.

ACTE TROISIÈME.

SCÈNE I.

NANINE, *vêtue en paysanne*, GERMON.

GERMON.

Nous pleurons tous en vous voyant sortir.

NANINE.

J'ai tardé trop; il est temps de partir.

GERMON.

Quoi! pour jamais, et dans cet équipage?

NANINE.

L'obscurité fut mon premier partage.

GERMON.

Quel changement! Quoi! du matin au soir....
Souffrir n'est rien; c'est tout que de déchoir.

NANINE.

Il est des maux mille fois plus sensibles.

GERMON.

J'admire encor des regrets si paisibles.
Certes, mon maître est bien mal avisé;
Notre baronne a sans doute abusé
De son pouvoir, et vous fait cet outrage :
Jamais monsieur n'aurait eu ce courage.

NANINE.

Je lui dois tout : il me chasse aujourd'hui :
Obéissons. Ses bienfaits sont à lui;
Il peut user du droit de les reprendre.

GERMON.

A ce trait-là qui diable eût pu s'attendre ?
En cet état qu'allez-vous devenir ?

NANINE.

Me retirer, long-temps me repentir.

GERMON.

Que nous allons haïr notre baronne !

NANINE.

Mes maux sont grands, mais je les lui pardonne.

GERMON.

Mais que dirai-je au moins de votre part
A notre maître, après votre départ ?

NANINE.

Vous lui direz que je le remercie
Qu'il m'ait rendue à ma première vie,
Et qu'à jamais sensible à ses bontés
Je n'oublierai.... rien.... que ses cruautés.

GERMON.

Vous me fendez le cœur, et tout-à-l'heure
Je quitterais pour vous cette demeure ;
J'irais partout avec vous m'établir :
Mais monsieur Blaise a su nous prévenir ;
Qu'il est heureux ! avec vous il va vivre :
Chacun voudrait l'imiter, et vous suivre.

NANINE.

On est bien loin de me suivre.... Ah ! Germon !
Je suis chassée.... et par qui !....

GERMON.

      Le démon
A mis du sien dans cette brouillerie :
Nous vous perdons,.... et monsieur se marie.

ACTE III, SCÈNE I.

NANINE.

Il se marie!.... Ah! partons de ce lieu;
Il fut pour moi trop dangereux.... Adieu....
(elle sort.)

GERMON.

Monsieur le comte a l'ame un peu bien dure :
Comment chasser pareille créature !
Elle paraît une fille de bien :
Mais il ne faut pourtant jurer de rien.

SCÈNE II.
LE COMTE, GERMON.

LE COMTE.

Eh bien! Nanine est donc enfin partie?

GERMON.

Oui, c'en est fait.

LE COMTE.
J'en ai l'ame ravie.

GERMON.

Votre ame est donc de fer.

LE COMTE.
Dans le chemin
Philippe Hombert lui donnait-il la main ?

GERMON.

Qui! quel Philippe Hombert? Hélas! Nanine,
Sans écuyer, fort tristement chemine,
Et de ma main ne veut pas seulement.

LE COMTE.

Où donc va-t-elle?

GERMON.
Où? mais apparemment
Chez ses amis.

LE COMTE.
A Rémival, sans doute?.
GERMON.
Oui, je crois bien qu'elle prend cette route.
LE COMTE.
Va la conduire à ce couvent voisin,
Où la baronne allait dès ce matin :
Mon dessein est qu'on la mette sur l'heure
Dans cette utile et décente demeure ;
Ces cent louis la feront recevoir.
Va.... garde-toi de laisser entrevoir
Que c'est un don que je veux bien lui faire ;
Dis-lui que c'est un présent de ma mère ;
Je te défends de prononcer mon nom.

GERMON.
Fort bien ; je vais vous obéir.
(il fait quelques pas.)
LE COMTE.
Germon,
A son départ tu dis que tu l'as vue ?
GERMON.
Eh, oui, vous dis-je.
LE COMTE.
Elle était abattue ?
Elle pleurait ?
GERMON.
Elle faisait bien mieux,
Ses pleurs coulaient à peine de ses yeux ;
Elle voulait ne pas pleurer.
LE COMTE.
A-t-elle
Dit quelque mot qui marque, qui décèle
Ses sentiments ? as-tu remarqué....

ACTE III, SCÈNE II.

GERMON.
      Quoi?

LE COMTE.
A-t-elle enfin, Germon, parlé de moi?

GERMON.
Oh, oui, beaucoup.

LE COMTE.
     Eh bien! dis-moi donc, traître!
Qu'a-t-elle dit?

GERMON.
    Que vous êtes son maître;
Que vous avez des vertus, des bontés....
Qu'elle oubliera tout.... hors vos cruautés.

LE COMTE.
Va.... mais surtout garde qu'elle revienne.
     (Germon sort.)
Germon!

GERMON.
 Monsieur.

LE COMTE.
    Un mot; qu'il te souvienne,
Si par hasard, quand tu la conduiras,
Certain Hombert venait suivre ses pas,
De le chasser de la belle manière.

GERMON.
Oui, poliment à grands coups d'étrivière :
Comptez sur moi; je sers fidèlement.
Le jeune Hombert, dites-vous?

LE COMTE.
     Justement.

GERMON.

Bon ! je n'ai pas l'honneur de le connaître ;
Mais le premier que je verrai paraître
Sera rossé de la bonne façon ;
Et puis après il me dira son nom.
(il fait un pas et revient.)
Ce jeune Hombert est quelque amant, je gage,
Un beau garçon, le coq de son village.
Laissez-moi faire.

LE COMTE.

Obéis promptement.

GERMON.

Je me doutais qu'elle avait quelque suivant ;
Et Blaise aussi lui tient au cœur peut-être !
On aime mieux son égal que son maître.

LE COMTE.

Ah ! cours, te dis-je.

SCÈNE III.

LE COMTE.

Hélas ! il a raison ;
Il prononçait ma condamnation ;
Et moi, du coup qui m'a pénétré l'ame
Je me punis ; la baronne est ma femme :
Il le faut bien, le sort en est jeté.
Je souffrirai, je l'ai bien mérité.
Ce mariage est au moins convenable.
Notre baronne a l'humeur peu traitable ;
Mais, quand on veut, on sait donner la loi.
Un esprit ferme est le maître chez soi.

SCÈNE IV.

LE COMTE, LA BARONNE, LA MARQUISE.

LA MARQUISE.

Or çà, mon fils, vous épousez madame ?

LE COMTE.

Eh ! oui.

LA MARQUISE.

Ce soir elle est donc votre femme ?
Elle est ma bru ?

LA BARONNE.

Si vous le trouvez bon :
J'aurai, je crois, votre approbation.

LA MARQUISE.

Allons, allons, il faut bien y souscrire ;
Mais dès demain chez moi je me retire.

LE COMTE.

Vous retirer ! eh ! ma mère, pourquoi ?

LA MARQUISE.

J'emmenerai ma Nanine avec moi.
Vous la chassez, et moi je la marie ;
Je fais la noce en mon château de Brie ;
Et je la donne au jeune sénéchal,
Propre neveu du procureur fiscal,
Jean Roc Souci ; c'est lui de qui le père
Eut à Corbeil cette plaisante affaire.
De cet enfant je ne puis me passer ;
C'est un bijou que je veux enchâsser.
Je vais la marier.... Adieu.

LE COMTE.

Ma mère,
Ne soyez pas contre nous en colère ;

Laissez Nanine aller dans le couvent ;
Ne changez rien à notre arrangement.
LA BARONNE.
Oui, croyez-nous, madame, une famille
Ne se doit point charger de telle fille.
LA MARQUISE.
Comment ? quoi donc ?
LA BARONNE.
    Peu de chose.
LA MARQUISE.
       Mais....
LA BARONNE.
         Rien.
LA MARQUISE.
Rien, c'est beaucoup. J'entends, j'entends fort bien.
Aurait-elle eu quelque tendre folie ?
Cela se peut, car elle est si jolie !
Je m'y connais ; on tente, on est tenté :
Le cœur a bien de la fragilité ;
Les filles sont toujours un peu coquettes :
Le mal n'est pas si grand que vous le faites.
Çà, contez-moi sans nul déguisement
Tout ce qu'a fait notre charmante enfant.
LE COMTE.
Moi, vous conter ?
LA MARQUISE.
    Vous avez bien la mine
D'avoir au fond quelque goût pour Nanine ;
Et vous pourriez....

SCÈNE V.

LE COMTE, LA MARQUISE, LA BARONNE,
MARIN, *en bottes.*

MARIN.

Enfin tout est baclé,
Tout est fini.

LA MARQUISE.

Quoi?

LA BARONNE.

Qu'est-ce?

MARIN.

J'ai parlé
A nos marchands; j'ai bien fait mon message;
Et vous aurez demain tout l'équipage.

LA BARONNE.

Quel équipage?

MARIN.

Oui, tout ce que pour vous
A commandé votre futur époux;
Six beaux chevaux : et vous serez contente
De la berline; elle est bonne et brillante;
Tous les panneaux par Martin sont vernis :
Les diamants sont beaux, très bien choisis;
Et vous verrez des étoffes nouvelles
D'un goût charmant.... oh! rien n'approche d'elles.

LA BARONNE, *au Comte.*

Vous avez donc commandé tout cela?

LE COMTE, *à part.*

Oui.... mais pour qui?

MARIN.

Le tout arrivera
Demain matin dans ce nouveau carrosse,
Et sera prêt le soir pour votre noce.
Vive Paris pour avoir sur-le-champ
Tout ce qu'on veut, quand on a de l'argent !
En revenant, j'ai revu le notaire,
Tout près d'ici, griffonnant votre affaire.

LA BARONNE.

Ce mariage a traîné bien long-temps.

LA MARQUISE, *à part.*

Ah ! je voudrais qu'il traînât quarante ans.

MARIN.

Dans ce salon j'ai trouvé tout-à-l'heure
Un bon vieillard, qui gémit et qui pleure ;
Depuis long-temps il voudrait vous parler.

LA BARONNE.

Quel importun ! qu'on le fasse en aller ;
Il prend trop mal son temps.

LA MARQUISE.

Pourquoi, madame ?
Mon fils, ayez un peu de bonté d'ame,
Et, croyez-moi, c'est un mal des plus grands
De rebuter ainsi les pauvres gens :
Je vous ai dit cent fois dans votre enfance
Qu'il faut pour eux avoir de l'indulgence,
Les écouter d'un air affable et doux.
Ne sont-ils pas hommes tout comme nous ?
On ne sait pas à qui l'on fait injure ;
On se repent d'avoir eu l'ame dure.
Les orgueilleux ne prospèrent jamais.

(à Marin.)
Allez chercher ce bon-homme.

MARIN.

J'y vais.
(il sort.)

LE COMTE.

Pardon, ma mère; il a fallu vous rendre
Mes premiers soins; et je suis prêt d'entendre
Cet homme-là malgré mon embarras.

SCÈNE VI.

LE COMTE, LA MARQUISE, LA BARONNE,
LE PAYSAN.

LA MARQUISE, au paysan.

APPROCHEZ-VOUS, parlez, ne tremblez pas.

LE PAYSAN.

Ah! monseigneur! écoutez-moi de grâce :
Je suis.... Je tombe à vos pieds, que j'embrasse;
Je viens vous rendre....

LE COMTE.

Ami, relevez-vous;
Je ne veux point qu'on me parle à genoux;
D'un tel orgueil je suis trop incapable.
Vous avez l'air d'être un homme estimable.
Dans ma maison cherchez-vous de l'emploi?
A qui parlé-je?

LA MARQUISE.

Allons, rassure-toi.

LE PAYSAN.

Je suis, hélas! le père de Nanine.

LE COMTE.
Vous?
LA BARONNE.
Ta fille est une grande coquine.
LE PAYSAN.
Ah! monseigneur, voilà ce que j'ai craint;
Voilà le coup dont mon cœur est atteint :
J'ai bien pensé qu'une somme si forte
N'appartient pas à des gens de sa sorte;
Et les petits perdent bientôt leurs mœurs,
Et sont gâtés auprès des grands seigneurs.
LA BARONNE.
Il a raison : mais il trompe, et Nanine
N'est point sa fille; elle était orpheline.
LE PAYSAN.
Il est trop vrai : chez de pauvres parents
Je la laissai dès ses plus jeunes ans;
Ayant perdu mon bien avec sa mère,
J'allai servir, forcé par la misère,
Ne voulant pas, dans mon funeste état,
Qu'elle passât pour fille d'un soldat,
Lui défendant de me nommer son père.
LA MARQUISE.
Pourquoi cela? pour moi, je considère
Les bons soldats; on a grand besoin d'eux.
LE COMTE.
Qu'a ce métier, s'il vous plaît, de honteux?
LE PAYSAN.
Il est bien moins honoré qu'honorable.
LE COMTE.
Ce préjugé fut toujours condamnable.
J'estime plus un vertueux soldat,

ACTE III, SCÈNE VI.

Qui de son sang sert son prince et l'état,
Qu'un important, que sa lâche industrie
Engraisse en paix du sang de la patrie.

LA MARQUISE.

Çà, vous avez vu beaucoup de combats;
Contez-les-moi bien tous, n'y manquez pas.

LE PAYSAN.

Dans la douleur, hélas ! qui me déchire,
Permettez-moi seulement de vous dire
Qu'on me promit cent fois de m'avancer :
Mais sans appui comment peut-on percer ?
Toujours jeté dans la foule commune,
Mais distingué, l'honneur fut ma fortune.

LA MARQUISE.

Vous êtes donc né de condition ?

LA BARONNE.

Fi ! quelle idée !

LE PAYSAN, *à la Marquise.*

Hélas ! madame, non ;
Mais je suis né d'une honnête famille :
Je méritais peut-être une autre fille.

LA MARQUISE.

Que vouliez-vous de mieux ?

LE COMTE.

Eh ! poursuivez.

LA MARQUISE.

Mieux que Nanine ?

LE COMTE.

Ah ! de grâce, achevez.

LE PAYSAN.

J'appris qu'ici ma fille fut nourrie,
Qu'elle y vivait bien traitée et chérie.

Heureux alors, et bénissant le ciel,
Vous, vos bontés, votre soin paternel,
Je suis venu dans le prochain village,
Mais plein de trouble et craignant son jeune âge,
Tremblant encor, lorsque j'ai tout perdu,
De retrouver le bien qui m'est rendu.

(montrant la Baronne.)

Je viens d'entendre, au discours de madame,
Que j'eus raison : elle m'a percé l'ame ;
Je vois fort bien que ces cent louis d'or,
Des diamants, sont un trop grand trésor,
Pour les tenir par un droit légitime ;
Elle ne peut les avoir eus sans crime.
Ce seul soupçon me fait frémir d'horreur,
Et j'en mourrai de honte et de douleur.
Je suis venu soudain pour vous les rendre :
Ils sont à vous ; vous devez les reprendre :
Et si ma fille est criminelle, hélas !
Punissez-moi, mais ne la perdez pas.

LA MARQUISE.

Ah, mon cher fils ! je suis tout attendrie.

LA BARONNE.

Quais, est-ce un songe ? est-ce une fourberie ?

LE COMTE.

Ah ! qu'ai-je fait ?

LE PAYSAN.

(il tire la bourse et le paquet.)
Tenez, monsieur, tenez.

LE COMTE.

Moi, les reprendre ! ils ont été donnés ;
Elle en a fait un respectable usage.

ACTE III, SCÈNE VI.

C'est donc à vous qu'on a fait le message ?
Qui l'a porté ?

LE PAYSAN.

C'est votre jardinier,
A qui Nanine osa se confier.

LE COMTE.

Quoi ! c'est à vous que le présent s'adresse ?

LE PAYSAN.

Oui, je l'avoue.

LE COMTE.

Ô douleur ! ô tendresse !
Des deux côtés quel excès de vertu !
Et votre nom ? Je demeure éperdu.

LA MARQUISE.

Eh ! dites donc votre nom ? Quel mystère !

LE PAYSAN.

Philippe Hombert de Gatine.

LE COMTE.

Ah ! mon père !

LA BARONNE.

Que dit-il là ?

LE COMTE.

Quel jour vient m'éclairer !
J'ai fait un crime ; il le faut réparer.
Si vous saviez combien je suis coupable !
J'ai maltraité la vertu respectable.

(il va lui-même à un de ses gens.)

Holà, courez.

LA BARONNE.

Eh, quel empressement ?

LE COMTE.

Vite un carrosse.

LA MARQUISE.

    Oui, madame, à l'instant :
Vous devriez être sa protectrice.
Quand on a fait une telle injustice,
Sachez de moi que l'on ne doit rougir
Que de ne pas assez se repentir.
Monsieur mon fils a souvent des lubies,
Que l'on prendrait pour de franches folies :
Mais dans le fond c'est un cœur généreux ;
Il est né bon ; j'en fais ce que je veux.
Vous n'êtes pas, ma bru, si bienfaisante ;
Il s'en faut bien.

LA BARONNE.

    Que tout m'impatiente !
Qu'il a l'air sombre, embarrassé, rêveur !
Quel sentiment étrange est dans son cœur ?
Voyez, monsieur, ce que vous voulez faire.

LA MARQUISE.

Oui, pour Nanine.

LA BARONNE.

    On peut la satisfaire
Par des présents.

LA MARQUISE.

    C'est le moindre devoir.

LA BARONNE.

Mais moi, jamais je ne veux la revoir ;
Que du château jamais elle n'approche :
Entendez-vous ?

LE COMTE.

  J'entends.

LA MARQUISE.

    Quel cœur de roche !

LA BARONNE.

De mes soupçons évitez les éclats.
Vous hésitez ?

LE COMTE, *après un silence.*
Non, je n'hésite pas.

LA BARONNE.

Je dois m'attendre à cette déférence ;
Vous la devez à tous les deux, je pense.

LA MARQUISE.

Seriez-vous bien assez cruel, mon fils ?

LA BARONNE.

Quel parti prendrez-vous ?

LE COMTE.

Il est tout pris.
Vous connaissez mon ame et sa franchise :
Il faut parler. Ma main vous fut promise ;
Mais nous n'avions voulu former ces nœuds
Que pour finir un procès dangereux :
Je le termine ; et, dès l'instant, je donne,
Sans nul regret, sans détour j'abandonne
Mes droits entiers, et les prétentions
Dont il naquit tant de divisions :
Que l'intérêt encor vous en revienne :
Tout est à vous ; jouissez-en sans peine.
Que la raison fasse du moins de nous
Deux bons parents, ne pouvant être époux.
Oublions tout ; que rien ne nous aigrisse :
Pour n'aimer pas, faut-il qu'on se haïsse ?

LA BARONNE.

Je m'attendais à ton manque de foi.
Va, je renonce à tes présents, à toi.

Traitre ! je vois avec qui tu vas vivre,
A quel mépris ta passion te livre.
Sers noblement sous les plus viles lois ;
Je t'abandonne à ton indigne choix.
(elle sort.)

SCÈNE VII.

LE COMTE, LA MARQUISE, PHILIPPE HOMBERT.

LE COMTE.

Non, il n'est point indigne ; non, madame,
Un fol amour n'aveugla point mon ame :
Cette vertu, qu'il faut récompenser,
Doit m'attendrir, et ne peut m'abaisser.
Dans ce vieillard ce qu'on nomme bassesse
Fait son mérite et voilà sa noblesse.
La mienne à moi, c'est d'en payer le prix.
C'est pour des cœurs par eux-même ennoblie,
Et distingués par ce grand caractère,
Qu'il faut passer sur la règle ordinaire :
Et leur naissance, avec tant de vertus,
Dans ma maison n'est qu'un titre de plus.

LA MARQUISE.

Quoi donc ? quel titre ? et que voulez-vous dire ?

SCÈNE VIII.

LE COMTE, LA MARQUISE, NANINE, PHILIPPE HOMBERT.

LE COMTE, *à sa mère.*

Son seul aspect devrait vous en instruire.

LA MARQUISE.

Embrasse-moi cent fois, ma chère enfant.

Elle est vêtue un peu mesquinement ;
Mais qu'elle est belle ! et comme elle a l'air sage !

NANINE

(*courant entre les bras de Philippe Hombert, après s'être baissée devant la Marquise.*)

Ah ! la nature a mon premier hommage.
Mon père !

PHILIPPE HOMBERT.

O ciel ! ô ma fille ! ah, monsieur !
Vous réparez quarante ans de malheur.

LE COMTE.

Oui ; mais comment faut-il que je répare
L'indigne affront qu'un mérite si rare
Dans ma maison put de moi recevoir ?
Sous quel habit revient-elle nous voir !
Il est trop vil ; mais elle le décore.
Non, il n'est rien que sa vertu n'honore.
Eh bien ! parlez : auriez-vous la bonté
De pardonner à tant de dureté ?

NANINE.

Que me demandez-vous ? Ah ! je m'étonne
Que vous doutiez si mon cœur vous pardonne.
Je n'ai pas cru que vous puissiez jamais
Avoir eu tort après tant de bienfaits.

LE COMTE.

Si vous avez oublié cet outrage,
Donnez-m'en donc le plus sûr témoignage :
Je ne veux plus commander qu'une fois ;
Mais jurez-moi d'obéir à mes lois.

PHILIPPE HOMBERT.

Elle le doit, et sa reconnaissance....

NANINE, *à son père.*

Il est bien sûr de mon obéissance.

LE COMTE.

J'ose y compter. Oui, je vous avertis
Que vos devoirs ne sont pas tous remplis.
Je vous ai vue aux genoux de ma mère;
Je vous ai vue embrasser votre père;
Ce qui vous reste en des moments si doux...
C'est.... à leurs yeux.... d'embrasser.... votre époux.

NANINE.

Moi!

LA MARQUISE.

Quelle idée! Est-il bien vrai?

PHILIPPE HOMBERT.

Ma fille!

LE COMTE, *à sa mère.*

Le daignez-vous permettre?

LA MARQUISE.

La famille
Étrangement, mon fils, clabaudera.

LE COMTE.

En la voyant, elle l'approuvera.

PHILIPPE HOMBERT.

Quel coup du sort! Non, je ne puis comprendre
Que jusque-là vous prétendiez descendre.

LE COMTE.

On m'a promis d'obéir.... je le veux.

LA MARQUISE.

Mon fils...

LE COMTE.

Ma mère, il s'agit d'être heureux.
L'intérêt seul a fait cent mariages.

Nous avons vu les hommes les plus sages
Ne consulter que les mœurs et le bien :
Elle a les mœurs, il ne lui manque rien ;
Et je ferai par goût et par justice
Ce qu'on a fait cent fois par avarice.
Ma mère, enfin, terminez ces combats,
Et consentez.

NANINE.

Non, n'y consentez pas ;
Opposez-vous à sa flamme.... à la mienne ;
Voilà de vous ce qu'il faut que j'obtienne.
L'amour l'aveugle ; il le faut éclairer.
Ah ! loin de lui, laissez-moi l'adorer.
Voyez mon sort, voyez ce qu'est mon père :
Puis-je jamais vous appeler ma mère ?

LA MARQUISE.

Oui, tu le peux, tu le dois ; c'en est fait :
Je ne tiens pas contre ce dernier trait ;
Il nous dit trop combien il faut qu'on t'aime ;
Il est unique aussi bien que toi-même.

NANINE.

J'obéis donc à votre ordre, à l'amour ;
Mon cœur ne peut résister.

LA MARQUISE.

Que ce jour
Soit des vertus la digne récompense,
Mais sans tirer jamais à conséquence.

FIN DE NANINE.

TABLE

DES PIÈCES CONTENUES DANS CE VOLUME.

MÉROPE, TRAGÉDIE.
LETTRE à M. le marquis Scipion Maffei....... Pag. 3
MÉROPE, TRAGÉDIE.
Texte de MÉROPE........................ 27
LA MORT DE CÉSAR, TRAGÉDIE.
Texte de la MORT DE CÉSAR............. 97
SÉMIRAMIS, TRAGÉDIE.
AVERTISSEMENT......................... 144
DISSERTATION sur la Tragédie ancienne et moderne.
Texte de SÉMIRAMIS..................... 175
NANINE, ou LE PRÉJUGÉ VAINCU, COMÉDIE.
PRÉFACE................................ 253
Texte de NANINE........................ 263

FIN DE LA TABLE DU TROISIÈME VOLUME

www.ingramcontent.com/pod-product-compliance
Lightning Source LLC
Chambersburg PA
CBHW060632170426
43199CB00012B/1528